山东省高等学校"青创科技计划"知识产权战略创新团队
产业科技知识产权战略研究（2020RWB003）阶段性成果

新技术变革与
知识产权 保护

赵丽莉 等／著

中国海洋大学出版社
·青岛·

图书在版编目（CIP）数据

新技术变革与知识产权保护／赵丽莉等著．－－青岛：
中国海洋大学出版社，2022.9
ISBN 978-7-5670-3273-6

Ⅰ．①新… Ⅱ．①赵… Ⅲ．①知识产权保护－研究－
中国 Ⅳ．① D923.404

中国版本图书馆 CIP 数据核字（2022）第 169498 号

XINJISHU BIANGE YU ZHISHI CHANQUAN BAOHU

新技术变革与知识产权保护

出版发行	中国海洋大学出版社		
社　　址	青岛市香港东路 23 号	**邮政编码**	266071
出 版 人	刘文菁		
网　　址	http://pub.ouc.edu.cn		
电子信箱	813241042@qq.com		
订购电话	0532-82032573（传真）		
责任编辑	郭周荣	**电　　话**	0532-85902495
印　　制	日照日报印务中心		
版　　次	2022 年 9 月第 1 版		
印　　次	2022 年 9 月第 1 次印刷		
成品尺寸	170 mm × 230 mm		
印　　张	9.75		
字　　数	168 千		
印　　数	1～500		
定　　价	45.00 元		

发现印装质量问题，请致电 0633-2298958，由印刷厂负责调换。

习近平总书记指出,创新是引领发展的第一动力,保护知识产权就是保护创新。当前,大数据、云计算、人工智能等前沿技术发展日新月异,对新领域、新业态的知识产权保护提出了更新、更高的要求。

在新技术变革背景下,应对其对版权保护带来的冲击,就需要跟进技术发展步伐,以新视野提出版权保护的策略。"十四五"规划和2035年远景目标纲要对健全知识产权保护运用体制作出战略部署,强调"完善知识产权相关法律法规,加快新领域新业态知识产权立法"。深入贯彻落实这一要求,对于促进知识产权制度更好地发挥创新激励作用、推动新领域新业态科技成果运用、助力产业转型升级和高质量发展具有重要意义。

新技术和新业态发展对我国知识产权战略与管理提出了新的挑战和需求,需要调整理论以回应现实问题,而理论的创新来源于现实问题的解决,本书聚焦新技术、新业态领域知识产权典型案例,涵盖"网络游戏""区块链""短视频""数字音乐""数据""人工智能生成物""共享经济""浏览器屏蔽""云服务"等多个领域,分析典型的案件争议焦点及对已有知识产权保护制度的冲击,挖掘问题及产生的逻辑,并提出针对性的解决方案。

Contents

目录

1

网络游戏直播平台"挖角"行为的不正当竞争分析

——"开迅诉虎牙"案

内容提要:网络游戏直播作为互联网新业态,近年来呈现迅猛发展的态势,其中头部主播阵容是平台的核心竞争力,而游戏主播违约跳槽、转投平台是否构成不正当竞争成为这一行业的重要议题。学界与司法实践中对如何规制这一行业乱象存有不同观点。回归网络游戏直播行业的特性与对法律适用的深度考量,应当肯定《反不正当竞争法》具有其独立价值,其与《合同法》并行不悖,同时在司法实践中也应持有谨慎态度,适时保持适用《反不正当竞争法》的谦抑性,正确对待《合同法》规制的局限性,准确把握网络游戏直播行业的特殊性,结合不正当竞争行为的判定标准进行具体衡量。

1 "开迅诉虎牙"案[①]:游戏主播跳槽与平台不正当竞争

1.1 案件简介

原告杭州开迅公司为"触手直播"的运营者,李勇是其培养的知名主播,为其提供独家的游戏解说服务;被告广州虎牙公司为"虎牙直播"的运营者。2018年9月,李勇在未与开迅公司解约的情况下,擅自与虎牙公司签约,并在该平台进行直播首秀。此外,李勇于2019年3月1日在触手直播平台进行直播时,宣布将到虎牙平台进行直播,并继续使用原昵称、头像。开迅公司认为,虎牙公司在李勇负有约定竞业限制义务且尚未解约的情况下即与之签约,存在恶意诱导。开迅公司主张李勇与虎牙公司的行为违背了商业道德,破坏了健康的市场竞争秩序,

---

① 浙江省杭州市中级人民法院(2019)浙01民初1152号判决书。

具有不正当性,起诉至人民法院。

1.2 争议焦点与判决结果

首先,原告主张两被告属于不正当竞争中的"经营者"角色,结合网络直播"平台+主播=用户"的基本商业模式,作为直播行业的核心角色,主播与用户之间具有"黏性效应",主播转换平台,极易带走原有"粉丝"资源,转向其他游戏直播平台。通过参考李勇的商业价值,其作为触手游戏直播平台签约认证的具有影响力的主播,是平台提升竞争的核心资源,若其随意更换直播平台,势必带走原有的观众群体,导致原直播平台的培养成本付之东流,无法获得相应的商业回报,严重损害其商业利益。

其次,从商业道德角度来看,原告指控"李勇、虎牙公司实施了不正当竞争行为,违反了商业道德,扰乱了正常的市场竞争秩序,且给开迅公司造成重大的损失",具体体现在原告认为李勇与本公司合同期未满的情况下,在虎牙公司"恶意诱导"后便"跳槽"至虎牙公司进行游戏解说。因此,"李勇、虎牙公司的行为严重违反了商业道德,扰乱了网络直播行业的正常竞争秩序,严重损害了开迅公司的市场竞争优势,且给开迅公司造成重大损失,具有可责性,应当予以规制。"

根据庭审查明的事实及双方争议,法院认为本案争议焦点有三:第一,《反不正当竞争法》能否适用于本案;第二,如能够适用,李勇、虎牙公司的行为是否构成不正当竞争;第三,如不正当竞争成立,李勇、虎牙公司应当承担的法律责任。

针对第一个问题,法院对是否适用《反不正当竞争法》进行了详尽的对比分析。具体言之,就已经建立起合同关系的当事人即本案中的开迅公司与李勇,不宜再从不正当竞争的角度进行判定;而当事人开迅公司与虎牙公司之间不存在合同上的法律关系,结合双方公司的经营范围与模式,二者存在竞争关系,在满足判定不正当竞争行为的条件下,可适用《反不正当竞争法》。针对第二个问题,法院首先阐释了对不正当竞争行为的判断标准,将其中的商业道德与个人品德进行区分,并进一步结合网络游戏直播行业的特性对商业道德这一核心内容进行明确,需要结合市场经营者的行为方式、行为目的、行为后果等案件具体情形进行判定。

因此,"开迅公司并未提供充分的证据证明平台单纯接收'跳槽'主播的行为对游戏直播行业市场秩序可能造成的影响程度已经需要《反不正当竞争法》的介入。在市场机制存在自我净化、调节能力的情况下,《反不正当竞争法》对于市场竞争行为的干预应当保持谦抑性。"基于上述理由,杭州中院做出了驳回原告开迅公司诉讼请求的判决。

2 网络游戏直播平台"挖角"行为特殊性分析——与传统行业人才"跳槽"的区别

2.1 网络游戏主播与传统企业员工不同的价值体现

传统行业的竞争可能主要是产品的竞争,自己产品的优良与否会影响企业在市场中的竞争力大小,企业中合理的人才流动在一定程度上也有助于企业进行人力资源的开发,推动企业进一步发展。在网络游戏直播行业中,游戏主播在网络游戏直播平台的发展中具有重要的地位,不仅是直播平台得以持续快速发展的重要助推器,也是平台之间据以占有竞争优势的关键因素,尤其是知名主播的影响力更是巨大的。某种程度上,主播更像是传统行业中"产品",在企业竞争中占据至关重要的地位,观众与主播的关联性很强,直播平台主要就是依靠主播吸引人气从而获取流量。

2.2 网络游戏主播与游戏直播平台特殊的法律关系

游戏直播行业中游戏主播与平台的关系与传统行业中劳动者与用人单位关系之间的不同,主要在于对劳动关系的确认是否基于从属性的理论。互联网用工的模式或许是对传统劳动关系的突破。司法实践中,上海市第一中级人民法院在2019年的一起案例中,维持了上海市浦东新区法院的判决[①],值得注意的是,一审法院在司法认定的过程中,对理论上劳动关系的认定进行了进一步的明晰。一审法院认为:认定劳动者与用人单位的关系是否属于劳动关系,从内外两个层面判断更为妥当。一方面,单纯就用人单位与劳动者之间的关系而言,用人单位以支付一定劳动报酬的形式获得支配与使用劳动力的权利,相应的劳动者获得劳动报酬。就此视角出发,双方在外观上虽符合建立劳动关系的主体资格,但实质上并不具有人身从属性,也就无法达到认定劳动关系的程度。另一方面,从用人单位的用人规章制定的目的来看,劳动关系的确立也应当符合人身与财产从属性,劳动者自然应受到用人规章的约束,并被纳入生产组织体系之中。综合以上两个角度分析,形成对劳动关系的妥善认定思路。

---

① 上海市第一中级人民法院(2019)沪 01 民终 4135 号判决书。

主播通常以自己与平台之间属于劳动关系为由进行抗辩，但是就目前法院的判决来看，法官在认定主播与平台之间的法律关系方面，一般认为根据协议及双方约定的情况，主播与直播平台之间存在提供直播服务、对应提供直播报酬的关系，但主播不受直播平台相关规章制度的约束，也不接受直播平台的管理，双方属于平等主体之间的民事合同关系，受到合同及相关法律的调整。基于上述理由，法院一般不支持主播提出的双方属于劳动关系这一主张。如果主播与直播平台之间存在劳动关系，那么主播"跳槽"所引起的违约行为就会受到《劳动法》的规制，相应的违约赔偿金额就会依据《劳动法》进行调整。而直播平台在与主播进行协议签订的过程中，一般为了防止主播肆意"跳槽"到与其有竞争关系的直播平台，从而给本平台带来巨大的损失，都会在协议中约定较高的违约金，在经过《劳动法》的调整之后，直播平台基本上无法得到协议中约定的赔偿金额；相应地，协议对于主播的规制作用就会减弱。如此，似乎是在给主播的"跳槽"开放缺口，甚至是鼓励主播"跳槽"，从而带来一系列不良影响。

2.3 规制恶意"挖角"与限制择业自由的界限

在诸多质疑的声音中，"是否会限制主播的择业自由"，对于"挖角"大主播是由市场进行调节还是应当由法律介入进行调控[①]，也是需要重点阐明的问题，应当注意到，在行业的自律功能足以维护行业的公平竞争、促进行业发展的情况下，没有必要由司法介入，在人才流动方面，可以通过借鉴其他行业的经验，由市场进行调节反而会起到更好的效果。然而，当行业尚未形成良好的自律规范时，司法就应当发挥其指引作用，以规范行业的发展。通过《反不正当竞争法》来约束平台相互"挖角"的行为与主播的择业自由之间并不存在冲突。

再者，为了避免发生事实上对主播择业自由的影响，可以在个案中进行调节。更何况《反不正当竞争法》所要规制的直接对象是"挖角"平台而不是主播，此时需要规制的是"挖角"平台的不正当竞争行为，而不是禁止主播进行直播活动，也不是限制主播去其他平台进行直播活动。如果诉讼过程中主播与原平台合同到期之后与原平台协商解除合同，此时也无须判定主播停止相关行为。

---

① 余杰.《反不正当竞争法》视野下网络主播跳槽问题研究 [J]. 人民司法（应用），2018（10）：28-33.

3 《反不正当竞争法》介入网络游戏直播平台"挖角"行为的必要性分析

3.1 《合同法》规制的局限

网络游戏直播平台在面临与其有竞争关系的平台攫取其主播资源时,向法院提出诉求的依据一般是协议中的排他性条款,主张主播应承担相应的违约责任。主播面临的是高额违约金,但是对于规制"挖角"平台来说,这一做法的效果并不明显。

针对网络游戏直播平台"挖角"问题,司法实践与学界讨论较多的便是以何种手段予以规制,其中适用《合同法》与《反不正当竞争法》是考量最多的两种路径。应当明确的是,这两种方式并非非此即彼的关系,回归到两者的适用目的上来看,两种路径应当是并行不悖的。在对这两种规制思路进行比较时,不能脱离网络游戏直播行业的自身特性,尤其是在上文中已述其与传统行业的不同之处,在"挖角"问题出现时,其所涉及的主要是三方主体,即原平台、主播与"挖角"平台,在内容上表现为主播的"跳槽"行为与平台的"挖角"行为。

适用《合同法》的案件,应当是事实本身触及合同利益。在对三方主体关系的剖析中,显而易见的是主播与原平台之间签订的协议符合这一事实。当主播被"挖角"之后,表现为主播平台更换,而约定履行期间内更换平台显然违反主播与原平台的协议内容。由于这一行业中平台之间竞争激烈,原平台与主播签订协议时也通常约定了高额违约金,如在"曹悦与斗鱼合同纠纷案"[①]中,双方在协议中约定了人民币三千万元的违约赔偿金。主播更换平台的行为也不宜适用《反不正当竞争法》加以规制。反之,在原平台与"挖角"平台的关系中,双方是具有竞争关系的,显然没有协议牵制,"挖角"平台的行为也未直接表现为对原平台的违约。

此外,囿于合同本身在规制"挖角"行为方面的局限性,也应当对这一规制路径持有谨慎态度。

3.1.1 合同具有相对性

开迅与虎牙的纠纷中,法院认为:当事人之间已经建立相应的合同关系,依据双方所签订的合同以及《合同法》的具体规定,双方的权利已经得到适当保护。当一方存在违约行为时,直接适用合同约定与《合同法》即可。此时,若出

---

① 湖北省武汉市中级人民法院(2018)鄂 01 民终 5250 号判决书。

现经营者在违反合同义务之外,还损害公共政策保护的其他利益,即《反不正当竞争法》明确规定的情形,也应受到《反不正当竞争法》的规制。然而,如果以存在"违反诚实信用和公认的商业道德"的情形为由适用《反不正当竞争法》,就会造成对当事人之间默认的"契约自由"的不当破坏。由此,法院从"可预见的损失"这一角度出发,阐释在当事人合同约定的违约责任之外,仍要求违约方承担其他侵权责任的不合理性,此时,也不应再适用《反不正当竞争法》予以调整。

然而,在对当事人的权利保护进行明晰时,固然考虑到游戏主播与网络游戏直播平台之间的法律关系,但对于"挖角"平台的行为却并未做出合理解释。从合同的相对性角度而言,合同主体、合同内容与责任承担的相对性都指向"被挖角"的游戏主播与原平台,而遗漏"挖角"平台。① 在网络游戏直播行业中,知名游戏主播与游戏直播平台所约定的高额报酬似乎与高额违约金的出现具有对等性,而背后"挖角"平台更具有强大的资金实力,乐意为主播的违约行为"买单"。在此种行业背景下,当合同以外的其他平台或经营者引诱一方当事人违约,进一步侵占原平台主播资源时,《合同法》就无法进行有效的规制。

3.1.2 "挖角"平台代替支付违约金,弱化规制力度

一般来讲,"挖角"平台不会吝惜代替主播支付违约金。一方面,一名主播尤其是优质主播被"挖"过来,新平台不必再进行培养,其知名度已经达到吸引观众的程度,其自身的观众黏性直接就可以转化为公司的盈利。另一方面,优质主播进入新的平台,其竞争优势会直接凸显出来,对于本平台其他主播的发展也会起到推广效应。所以,尽管"挖角"平台不是合同的一方,通常情况下也不会介意将违约代价作为其提高竞争优势的成本。就开迅与虎牙一案而言,2018 年 9月,虎牙公司在部分主播与原平台合作期限未满的情况下,恶意诱导其违约,并签约其到有竞争关系的虎牙直播平台进行直播,也承诺帮助主播解决与原平台的违约纠纷。

3.1.3 市场占有率的降低与竞争资源的损失无法通过对主播的规制得以弥补

网络游戏直播平台中,主播与观众关联性较强,平台为了避免与其有竞争关系的平台引诱自家主播"跳槽"导致利益受损,一般就会在双方签订的协议中约定高额违约金。但是具体的金额计算一直是一个难题,基本是由法院进行综合

---

① 王利明,崔建远.《合同法》新论·总则 [M]. 北京:中国政法大学出版社,2000:27-33.

裁量,但是也取决于法官对网络游戏直播行业的了解程度。

3.2 《著作权法》规制的局限

司法实践中,部分游戏直播平台间的纠纷以提出"著作权侵权"作为诉因,但其适用空间有限。根据《著作权法》的相关规定,其保护范围仅限于著作权以及与著作权有关的权益。适用《著作权法》予以规制存在诸多局限:一是游戏直播画面是否构成著作权保护的作品,以及主播直播是否构成合理使用,该问题在学界尚存争议;二是平台若想以此来抗辩主播被"挖角"这一行为的不正当性,还需要符合"特定游戏权利人"这一条件。再者,著作权侵权与侵权平台由此产生的不正当竞争行为与其"挖角"产生的不正当竞争行为不应聚合在一起进行判断,行为性质不同,在评价时应当分开予以评价,所以直接适用《著作权法》规制竞争平台的"挖角"行为在逻辑上无法解释清楚。

3.3 《反不正当竞争法》具有独立价值

在中国裁判文书网上以"头部直播平台"与"民事纠纷"为关键词进行检索,可以发现涉及网络游戏直播平台"挖角"类案件多聚焦于是否应当认定其行为为不正当竞争,以及如何适用《反不正当竞争法》予以认定的问题。《反不正当竞争法》的立法目的在于鼓励和保护公平竞争,制止不正当竞争行为。有人提出,《反不正当竞争法》应保持其谦抑性,可以通过其他法律进行调整的,《反不正当竞争法》就不具有介入的必要性。[①] 但是,应考虑到的是,网络直播行业是竞争十分激烈的行业,《反不正当竞争法》不应仅仅具有填补知识产权立法空白的功能,其独立价值应当得以重视。

对网络游戏直播平台的行为尤其是不正当竞争行为通过《反不正当竞争法》来进行规制,并非随意扩大《反不正当竞争法》的适用范围。[②] 之前,最高院在"海带配额案"中提道:自由竞争存在一定限度,超过应有限度不仅不利于市场秩序的稳定,还会损害公共利益,此时需要适时引导经营者以公平、适当、合法的竞争手段争夺商业机会,法院可以适用《反不正当竞争法》的一般条款来维护市场公

---

① 余杰.《反不正当竞争法》视野下网络主播跳槽问题研究 [J]. 人民司法(应用),2018(10):28-33.

② 肖顺武. 网络游戏直播中不正当竞争行为的竞争法规制 [J]. 法商研究,2017,34(05):36-45.

平竞争。① 故而在《反不正当竞争法》具有介入的必要性时,应当肯定《反不正当竞争法》一般条款的独立价值,并据此判定竞争主体的行为是否具有可责性。再者,在上述对于网络直播行业的特殊性分析上可以看出,仅仅通过《合同法》来规制,对于主播背后"挖角"平台的约束效果并不明显。目前新兴的互联网行业尚未形成完善的行业自治规范,也无法仅仅通过行业的自律行为进行妥善规制。

4 网络游戏直播平台"挖角"行为构成不正当竞争行为的认定

目前,对于互联网视域下的不正当竞争行为判定引起了学者们的广泛讨论,有研究以当前司法实践中有关互联网新型不正当竞争行为的"竞争关系"为核心,探析"竞争关系"对不正当竞争行为认定的影响。② 也有学者立足适用层面指出,在互联网新业态下,基于自身的动态性与跨界型,通过构建动态多元利益平衡分析框架,确立竞争法语境下互联网新型不正当竞争行为的裁判思路。③ 网络游戏直播行业视域下,不仅要考量互联网行业发展的整体特点,同时也应审视网络游戏直播行业自身的特性。综合而言,网络游戏直播平台"挖角"不正当竞争行为的认定可从如下几个方面予以考量。

4.1 不正当竞争行为的内容及性质界定

此处所讨论的不正当竞争行为主要指的是互联网新业态下的不正当竞争行为,法院对互联网领域的不正当竞争行为一般采取"非公益不干扰"的原则。学界也对这一问题展开深入探讨。以本文着重分析的案件"开迅与虎牙"一案为例,法院对不正当竞争行为首先予以明晰,从"经营者之间对商业机会的争夺属于市场竞争的常态"这一角度加以判断,认为游戏主播自身的行为对原平台的合法权益造成损害,但就"挖角"平台而言,并不意味着其行为构成不正当竞争。对于"挖角"平台引诱主播"跳槽"这一行为的判断则是从平台是否尽到审慎义

---

① 最高人民法院(2009)民申字第 1065 号裁定书。
② 陈兵. 互联网经济下重读"竞争关系"在《反不正当竞争法》上的意义——以京、沪、粤法院 2000～2018 年的相关案件为引证 [J]. 法学, 2019(07): 18-37.
③ 陈兵. 互联网新型不正当竞争行为审裁理路实证研究 [J]. 学术论坛, 2019, 42(05): 26-38.

务这一角度进行判定,即"挖角"平台一方的行为将助长主播不守诚信的行为,具有过错。法院对是否构成不正当竞争行为所持的态度仍是基于对诚实信用原则与公认的商业道德的分析。

4.2 是否违反网络直播行业公认的商业道德

《反不正当竞争法》中诚实信用原则的核心内容是商业道德。商业道德是指在特定的商业领域中,市场参与者普遍认知和接受的行为标准。商业道德既不等同于个人品德,也不能等同于一般的社会公德,其所体现的是一种商业伦理[①]。网络游戏直播行业属于新兴领域,尚未形成统一的商业规则与商业道德,故对此类案件普遍结合市场经营者的行为方式、行为目的、行为后果等案件具体情形进行分析判断。司法实践中,早期的判决倾向于将平台"挖角"的行为认定为不正当竞争,近两年的判决对此基本持否定态度。而 2020 年 4 月 13 日广东省高级人民法院发布《关于网络游戏知识产权民事纠纷案件的审判指引(试行)》(粤高法发〔2020〕3 号),明确指出主播"跳槽"不宜适用《反不正当竞争法》:原告主张被告通过不正当手段引诱游戏主播违约"跳槽",不当抢夺相关市场和利益,违反《反不正当竞争法》第二条规定的,应审查相关行为是否违背了商业道德,是否具备不正当性与可责性。

4.2.1 商业道德的界定

是否违反商业道德对认定网络游戏直播平台"挖角"行为是否构成不正当竞争具有重要意义。由于网络游戏直播行业本身具有专业性与特殊性,在进行商业道德这一层面的认定时,对其认定标准与思路应做特殊考量。[②]

在开迅诉虎牙一案中,法院对虎牙是否违反商业道德这一问题,主要从行为方式、目的及行为后果三个层面进行判定。第一,前期主播与虎牙签约的行为属自愿行为,并无足够证据证明虎牙存在恶意诱导的行为;第二,基于人才自由流动的原则,签约平台不能随意禁止主播在其他平台直播的自由;第三,就"可期待利益"而言,其不属于依据法律可直接享有的权利,而仅仅是存在于双方合同中。此外,对消费者而言,其主要关注的是网络游戏主播自身对于游戏的操作过程与

① 谢晓尧. 法律原则的叙事分析——以"海带配额案"为例 [J]. 知识产权,2019(12):3-26.
② 杜颖,魏婷. 互联网不正当竞争行为中的商业道德认定问题研究 [J]. 知识产权与市场竞争研究,2020(01):109-128.

游戏解说水平,这些要素与游戏主播在直播过程中外在表现的个人昵称与头像等不具有高度关联性。因而,主播转换平台之后,用户是否随之转换平台属于自由选择,原平台无直接证据证明虎牙存在用户导流行为或干扰用户选择直播平台的行为。

比较而言,在鱼趣与炫魔、脉淼公司关于著作权权属、侵权纠纷一案①中,对于炫魔公司、脉淼公司的行为是否违反网络直播行业公认的商业道德,则主要从四个方面的因素进行考量:第一,对行业效率的影响。炫魔公司与脉淼公司的行为并未促进行业效率的提升,属于直接攫取原平台的成果,且最终提供的属于同质化服务。第二,对竞争对手的损害程度。主播对平台发展的重要性不言而喻,尤其是具有竞争关系的平台之间对于主播的争夺或将直接取代原平台的竞争优势,尤其是"挖角"平台更看好的是已经具有较高知名度的主播,直接对原平台造成实质损害。第三,对竞争秩序及行业发展的影响。互联网竞争模式是前期进行资金投入获取流量,再进行流量变现。在该案中,鱼趣公司对朱浩进行了挖掘与培养。朱浩一开始并不是以知名主播的身份进入鱼趣公司,其商业价值的提升除了自身努力之外,与平台的推广培养也是密不可分的。除此之外,主播与观众之间的黏性关系导致主播进入另一平台后,会从原平台带走观众与流量,放任主播随意更换平台,可能会导致平台不再对优质主播进行前期培养与投入,而转向直接攫取其他平台的优质主播,进而形成恶性循环式竞争,破坏整个行业的良好竞争秩序。第四,对消费者福利的影响。从消费者自由选择的角度出发,网络游戏主播肆意更换平台未必会给用户提供更多选择可能性,相反,在平台之间无序竞争的背景之下,最终损害的还是用户自身的利益。

由此可以看出,法院对于违背公认的商业道德的审判路径一般是先根据具体的案件界定涉及的行业普遍认可的商业模式标准,参考特定行业的惯例与行业规范;如没有特定的行业规范可供参考,则对一般条款进行解读,认定特定领域的竞争规则为何;最后从是否破坏行业竞争秩序、阻碍本行业的发展以及是否会损害消费者的合法权益等因素进行综合评价。

4.2.2 商业道德的认定应当"形神兼备"

互联网的发展及其所带来的新型案件被视为促使一般条款适用标准进一步发展的动因,竞争中性的理念和竞争伦理的效率观得以强化,并发展出"多因素

---

① 湖北省武汉市中级人民法院(2017)鄂 01 民终 4950 号判决书。

评估"范式。①

可以看出,在上述讨论的案件中,法院采取了多因素评估的方式,通过分析竞争效应的正负方面,在"形式"上符合一般条款与《反不正当竞争法》的定位,但在具体适用中,不应当仅是"形式"上的符合,而应"形神兼备"。具体而言,商业道德标准的适用还应考虑包括但不限于自由竞争在内的基本政策因素。应当考虑到在互联网这样竞争激烈的行业中,主播"跳槽"或平台肆意"挖角"的行为究竟是自由竞争还是理应受到《反不正当竞争法》的规制,只有在"自由竞争基本政策"这一层面再加以考虑,对"商业道德"的裁判认定才能称之为完备。实践中,法院就要求斗鱼公司到庭说明,其实目的就是探求"跳槽"主播在违约前是否存在与斗鱼平台合谋的情况。

网络不正当竞争案件与一般案件相比,具有其新颖性,所以对其竞争行为的属性在理论上仍然存在适用难点。"由于一般条款在适用上具有不确定性,较合理地解决方式即为推动法律适用的客观化。一般条款的作用,是在普遍意义上确定不正当竞争行为的认定标准,所以它必然包含构成要件的要素,其内容应是相对明确的。"② 但是对商业道德的认定,仍具有较强的主观性。要克服在适用上的不确定性,避免在审理过程中存在过多的主观性,应当尽可能实现一般条款的客观化。具体而言,减少商业模式所带来的不确定的关键在于确立相对客观的商业模式标准,从而实现商业模式的具体化。③ 互联网行业的更新迭代较快,伴随着新技术的产生,已有的商业模式就会受到冲击,已建立起来的对商业道德的判定标准就会具有落后性,所以有必要考量已有商业模式与新技术之间的联系并加以权衡,在动态中合理推进新的商业模式。

国务院法制办公室于 2016 年发布的《反不正当竞争法(修订案送审稿)》虽未正式生效,但其中包含了针对互联网不正当竞争的有关条款,在某种程度上意味着《反不正当竞争法》也的确存在适用上的滞后性,因而尝试建立新的具体条款以应对目前新兴互联网行业中相关行为的规制,在司法认定过程中直接适用具体条款更能体现其客观性。

---

① 刘维. 论"商业道德"裁判的理念和范式变迁——基于互联网标杆案例的观察 [J]. 科技与法律, 2018 (02): 15-20+69.

② 焦海涛. 不正当竞争行为认定中的实用主义批判 [J]. 中国法学, 2017 (01): 150-169.

③ 肖顺武. 网络游戏直播中不正当竞争行为的竞争法规制 [J]. 法商研究, 2017, 34 (05): 36-45.

4.3 是否造成实际损害

之所以要对这一认定要素进行明晰,原因在于针对诸如此类案件,或许会存有实践操作中的疑虑,即若将网络游戏直播平台"挖角"行为认定为不正当竞争行为,那么就要认定其是否造成实际损害,主播进入目标平台进行直播所造成预期利益损失是否可以归咎到"挖角"平台一方。进一步考量,通过对个案的分析,如果已经明确造成了实际损害,"挖角"平台方所承担的因不正当竞争行为带来的责任与主播转移到其他有竞争关系的平台而带来的合同违约责任,是否会使得原平台"重复获利"。

首先,互联网企业具有轻资产的特点,其更为重要的资产当属用户,以及由用户行为而带来的流量、数据,在认定是否造成实际损害时应充分结合该行业的特性进行考量。流量一度作为互联网时代衡量网站和网页经济效益的核心指标,其重要性不言而喻。在现行司法实践中,对于不正当竞争案件尤其是针对互联网新型不正当竞争案件,多适用《反不正当竞争法》中的"一般条款",采用"私益优先"与"多益平衡"两种思路。在私益优先这一模式下,法院一般聚焦于竞争行为对原告经营者的损害;后者则强调对法益本身的保护。就本文所探讨的网络游戏直播平台的"挖角"行为而言,如前所述,应当适时对其中的消费者利益予以考量。

其次,竞争与损害相伴而生。部分观点认为,新平台的被诉行为并非《反不正当竞争法》所类型化的不正当竞争行为,当启动一般条款判断被诉行为的正当性时,需要考察原平台利益受损的程度,尤其是要考虑被诉行为是否已经实质性地影响了原平台的正常经营活动,以防止对市场竞争的过度干预。主播离开原平台可能导致原平台的流量减少,但"跳槽"主播与平台或经纪公司已签订合同,原平台可以通过合同中的违约条款追究经纪公司或主播方的违约责任,原平台由此所遭受的损失是有限的、可以补足的。就该种观点而言,其仍然强调应首先考虑以合同中的违约条款规制。这一考量固然具有其合理性,也是规范游戏直播平台与游戏主播之间行为的重要依据,然而当网络游戏直播平台存在"挖角"行为时,就难以避免地对"挖角"平台的行为考虑在内,而基于合同本身的相对性,并未有效地将"挖角"平台的行为予以规制。从平台与主播自身的利益基础来看,平台占据绝对优势,这也是"挖角"平台乐意为主播"买单"的原因。因而,从这一角度出发,"挖角"这一行为在客观上已然对原平台造成了实际损害。

最后,网络游戏直播平台的"挖角"行为这一所谓的"竞争方式"或将导致平台减少培养主播的投入,从而导致行业发展的减缓。在开迅诉虎牙一案中,法院从"经营者自由竞争"这一角度否认了适用《反不正当竞争法》进行调整的合理性。具体言之,该判决思路认为,主播在合约期内跨平台流动有助于促进行业内的自由竞争,在其他行业并未将人才自由流动认定为违反商业道德的情况下,直播行业作为新兴互联网行业更不应被《反不正当竞争法》过多地限制或禁止。然而,在斗鱼诉全民、朱某不正当竞争一案①中,法院则采用了更为全面的裁判思路,综合考虑其对行业效率的影响、对竞争对手的损害程度、对竞争秩序和行业发展的影响以及对消费者利益的影响,从而认定被告的行为违反该行业公认的商业道德,进而构成不正当竞争。在司法实践中,对该要素认定的难点就在于,原告即被"挖角"平台是否可以提供相应的证据证明"挖角"平台的行为已经对本平台造成损失,并对行业秩序造成影响,进一步违反商业道德,这也是需要在个案中予以充分考量的,但以原平台与主播之间的合同为限制不适用《反不正当竞争法》的理由难免牵强。

5   结语

从近几年的案件判决结果来看,司法实践似乎更倾向于让《反不正当竞争法》的适用保持谦抑性。但该种趋势不能作为否认其适用可能性的合理理由,尤其是在网络游戏直播行业中,纠纷的发生具有多样性、复杂性,找寻统一范式进行处理似乎只是一种理想化的思路,最终还应当回归到个案中进行综合考量。以原平台与主播间所签订的合同进行认定固然简单直接,然而其局限性也显而易见,即合同的相对性导致法律始终无法对"挖角"平台进行规制。在鼓励平台自由竞争的同时,也要适时地对行业竞争乱象予以规范,如此才是有助于网络游戏直播行业有序发展的做法。

---

① 湖北省武汉市中级人民法院(2017)鄂 01 民终 4950 号判决书。

数据抓取行为的不正当竞争分析

——"'饭友'App 抓取新浪微博数据"案

内容提要：本文通过"饭友"App 抓取新浪微博数据一案，从网络经营者之间的竞争关系及数据抓取行为的正当性两方面分析了数据抓取类型案件的争议焦点，进而总结了数据抓取行为构成反不正当竞争的重要条件。

1　案例简介

新浪微博系北京微梦创科网络技术有限公司（以下简称微梦公司）经营，现已成为明星、媒体及相关用户的重要交流平台，拥有巨大的用户群体。上海复娱文化传播股份有限公司（以下简称复娱公司）运营的"饭友"App 中，列有"明星"列表且明星账号下设有"微博"专题，当点击进入"微博"专题时就会出现相关明星的微博界面，在该界面中可直接查看该明星微博账号的全部内容。"饭友"App 中明星账号的微博界面与新浪微博的界面基本相同，只是"饭友"App 中显示的微博发布时间可具体到某时间点，而新浪微博只显示年月日；"饭友"App 中评论、转发量等显示到个位数，新浪微博只显示到万位数；另外，"饭友"App 中的微博界面有"送花"等选项，去掉了新浪微博中的"友情链接"等。微梦公司认为复娱公司未经许可便抓取新浪微博中的明星微博内容，构成不正当竞争，微梦公司要求复娱公司停止侵权、消除影响并赔偿经济损失及合理开支。

原告方微梦公司诉称其为新浪微博平台的服务提供方，复娱公司未经其许可便抓取新浪微博中的数据，利用这些数据在"饭友"App 中设置明星微博专题，展示与新浪微博中明星微博界面高度相似的内容。另外，复娱公司在该过程中还恶意屏蔽新浪微博中的部分功能且添加了自有功能。复娱公司的行为严重违反商业道德和诚实信用原则,实属不正当竞争行为。被告方复娱公司辩称,"饭友"App 中展示的新浪微博中的明星微博界面是设置链接导致的结果,具有正当性,未破坏市场秩序。

法院认为,"饭友"App 所展示的明星微博界面能够成为认定复娱公司抓取新浪微博数据并进行展示的重要依据,"饭友"App 中展示的微博信息为抓取数据所得,而非设定的"链接"所得,登录"饭友"App 的用户无须再进入新浪微博便能够看到明星微博的全部内容,实质性替代了新浪微博的部分功能并分流了其部分用户,破坏了新浪微博的运营,违反了《反不正当竞争法》第十二条的规定,构成不正当竞争。①

随着数据在互联网市场中地位的逐渐上升,网络服务经营者竞相争取数据资源,这其中不乏擅自抓取数据的方式。在该案例中,复娱公司利用非法抓取他人数据的手段来经营其主要业务。本案裁判细致区分了数据抓取行为与数据链接的不同,充分论证了替代性产品的数据抓取和使用行为的正当性,体现了司法对网络数据抓取与不正当竞争行为之间关系的回应,有效规制了数据的不当抓取行为。然而,针对此种新型数据抓取行为,如何将其定义为不正当竞争,成为争议的焦点。②

2 争议焦点

2.1 竞争关系的认定

事实上,考察双方的竞争关系是明确数据抓取行为性质的前提。《刑法》与《网络安全法》均做出了相关规定。如果在数据抓取案件中忽视竞争关系的因素,极易导致一些只是侵犯了个人信息权益的数据抓取行为被错误地认定为不正当竞争行为,使不同法律之间发生冲突。《反不正当竞争法》无法约束所有的数据抓取行为,因此,存在竞争关系是认定构成不正当竞争的首要条件。

2.1.1 是否具有经营者资格

我国《反不正当竞争法》第二条第二款规定:不正当竞争行为是经营者损害

---

① 张璇,李思颐. 抓取新浪微博数据,"饭友"App 被判不正当竞争 [J]. 中关村,2019(11):96.

② 2019 年度北京市法院知识产权司法保护十大案例。

其他个体合法权益的行为。故具有经营者资格是认定竞争关系的前提。数字经济时代,经营者要想盈利就必须在前期实现商品或服务的积累,而前期的经营行为无法直接展现盈利特征。因此,经营者的资格认定需从行为人提供服务及商品经营的角度出发,不能以行为人的商品或服务具备直接盈利目的为基础。比如在"'酷米客'诉'车来了'案"中,被告并没有向用户直接收费,实现直接盈利,但是它不断吸引用户,从而扩大流量,之后在软件上投放广告,属于间接盈利,是《反不正当竞争法》中的经营者。

2.1.2　是否具有同类业务模式

判断双方是否产生竞争关系的最直接因素是行业领域,首先观察数据控制者与数据抓取人是否属于同一行业,假若双方属于同一行业。则大概率可以直接认定二者之间存在竞争关系;假若双方并不属于同一行业,那就考察行为人所提供的相关服务或产品的功能是否与数据控制者的相接近。在"新浪诉脉脉案"中,新浪微博是可向用户提供创作、查询和分享信息等服务的社交平台,而脉脉是职场社交应用软件,虽然二者并不完全属于同一行业,但从新浪及脉脉提供的产品服务角度出发,外在形式不同,并不影响双方均提供社交网络服务的本质,因此双方具有竞争关系。

2.1.3　是否争夺相同用户群体

数字时代下,数据资源得到创新化多元化应用,差异化产品之间的分界线被打破,竞争关系也变得纵横交错。即便经营内容不属于同类商品(服务)或者替代商品(服务),但由于在数据领域存在实质竞争关系,经营者之间也可以具有竞争关系。许多行为人与数据控制者的商品或服务内容等存在差异,但是在争夺用户数量和相关数据信息方面具有一致性,因此双方具有实质性的竞争关系。比如在"大众点评诉百度案"中,法院在对双方竞争关系进行认定时提出:"只要双方的目标用户群体一致,即可认定二者之间存在竞争关系。"在数据经济飞快发展的背景下,只要经营者的行为是在争夺相同的用户群体、获取更多的流量,双方即具有竞争关系。①

在本案中,微博是分享交流的重要平台,其经营范围多样,与"饭友"App并不完全属于同一行业,因此无法直接认定双方存在竞争关系。但双方均提供网

---

① 李慧敏,孙佳亮. 论爬虫抓取数据行为的法律边界 [J]. 电子知识产权,2018(12):58-67.

络社交服务,经营范围具有重叠性,属于同类业务模式。另外,如果用户已经通过"饭友"App 对相关明星的微博信息进行查看后,可能就不会再注册或登录新浪微博,使新浪微博的用户群体有所缩减。因此认定新浪微博与"饭友"App 之间存在竞争关系。

2.2 数据抓取行为正当性的判断

对未经授权擅自抓取或使用他人数据的行为,不能当然地将其视为构成《反不正当竞争法》层面的"搭便车"和"不劳而获"。在认定数据抓取和使用行为是否具有不正当性时,应当综合以下因素进行考量。

2.2.1 确定相关数据的价值

要认定数据抓取行为是否正当,首先需要判断所抓取的数据是否能够给数据抓取者带来合理预期的竞争优势和商业机会。互联网时代下,用户流量虽不能为数据控制者带来直接的经营收入,却能带来大量的间接利益,所以用户流量也应成为衡量数据是否具有商业价值的重要标准之一。另外,还需考虑一般情况下所抓取的数据能否为数据控制者实际上带来合理预想的可得利益。在"'酷米客'诉'车来了'案"中,"酷米客"公交软件虽是一款免费软件,但其可以通过在软件上投放广告来收取相应的广告费用,而被告抓取原告的数据并利用于同类公交软件上,造成原告软件的客户分流,这种数据抓取行为对原告的广告收入造成间接影响,是一种对原告合理预期利益的侵害行为。事实上,对于数据能否获得合理预期的商业价值的相关判断不能仅以经营者的经营现状为标准,还需考虑到数据在将来是否具有产生商业价值的可能性。在"大众点评诉百度案"中,大众点评平台必须在用户点评数据积累到一定数量后,才能实现盈利目的。虽然大众点评在很长一段时间内无法实现盈利,但可以预料到一定数量的用户点评信息能在之后为其带来合理预期的竞争优势,因此,用户信息属于可带来合理预期竞争优势和商业机会的数据。所以,对于数据能否带来合理预期的商业利益,需根据具体案情判断,不仅要考虑现阶段,还要考虑之后的商业价值。

2.2.2 界定是否构成市场替代

我国法律并未明确界定"市场替代"的概念,但在司法实践中通常采用以下标准对市场替代进行界定:① 存在未经许可的提供行为;② 产生用户转移的效果;③ 其他竞争者因提供行为而受损。首先,未经许可的提供行为指的是数据抓取人未取得数据所有者的授权,就擅自使用技术手段抓取数据资源并整合到自有网站使用的行为。其次,市场替代认定中的核心因素之一是用户转移。由于信息时代数据商业利用化进程的加速,数据呈现出爆发式的增长。数据资源冗杂、流量费用较高等情况,导致用户不愿意花费过多的精力和费用去获得所需要的信息,在查找所需要的数据资源时,用户通常的使用习惯都是花最少的时间和最少的流量来获取合理的数据信息。用户如果可以从数据抓取人提供的数据中获得其所需要的信息,就不会再跳转到原网站获取信息,这样一来,数据抓取人就会获得大量的原网站用户,从而逐步取得原数据所有人的市场。最后,数据所有者因数据抓取人的抓取和使用行为而受到损失是界定市场替代最重要的因素。数据抓取人抓取数据后,提供与原数据所有者同质化的服务,获得网络用户,争夺网络资源,导致被抓取方的网站流量不断减少,进而导致网站失去大量的广告资源和增值服务收入,折损被抓取人的竞争优势。[①]

在该案中,被告"饭友"App 未经微梦公司许可抓取了新浪微博的部分数据,并且将这些数据应用于自己的经营内容之上,网络用户在该 App 上查看到自己感兴趣的明星微博内容后便不会再次浏览新浪微博,该行为获得了大量原本属于新浪微博的用户。"饭友"App 通过未经许可的数据抓取行为转移了新浪微博的用户流量,进而导致微博的广告费等其他业务收益减少,产生商业利益的损失,故而"饭友"App 的数据抓取和使用行为在本质上构成了对新浪微博的市场替代。

2.2.3 区分抓取数据与链接行为

具体来说,需要区分数据抓取方提供的是通常意义上的搜索链接服务,还是将抓取内容存于自己的服务器中,进而提供涉案数据的服务。如果当事人仅仅提供一般的链接服务,并不提供具体内容,点击相应链接后显示的是被链接网站,界面中展示的内容为被链接网站中的内容,那么用户浏览的仍然是被链接网站的内容,如此则不会被追责。如果利用爬虫技术以相对稳定和长期的方式将目标网页中的内容抓取并存储于自己的服务器中,在用户进行搜索操作时,从自己的服务器中调取并提供给用户,用户在浏览器中浏览的是事先存储于自己服务器中的网页内容,那么即使提供的作品在播放过程中有页面播放源、视频水印图

---

① 王晓晴. 数据抓取行为的反不正当竞争法规制 [D]. 武汉:中南财经政法大学,2019.

标等表象,这种行为本质上也属于数据抓取行为,而非对原网页的链接服务。[①]

本案中,"饭友"App 获取新浪微博的数据内容之后直接将其展现在该 App 的页面中,用户点击"饭友"App 中的明星微博专题后,并不会产生跳转到新浪微博界面的效果。实际上,"饭友"App 系抓取新浪微博的数据后储存于自己的服务器中,用户浏览的是该 App 服务器中的内容。因此,"饭友"App 所实施的是数据抓取行为,并非其所辩解的链接行为。

2.2.4 判断数据抓取者是否实施"搭便车"行为

数字经济时代下,新兴科技不断发展,数据竞争行为与传统竞争行为截然不同,但认定行为是否具有不正当性的标准并无二致。只要经营者行为有悖于诚实信用原则,即可认定该行为具备不正当性。"搭便车"和"不劳而获"事实上被称为"不当利用他人劳动成果"。"搭便车"行为的常见形态是当一个经营者获得商业成功之后,另外的经营者利用其成功的因素,通过相同或极相似的方式来获得竞争优势,免去许多成本投入,是一种违反商业道德的行为。

在适用"搭便车"理论审理数据抓取案件时,考察的重点应是被告行为人的主观恶意。行为人在利用数据控制者的数据时,通常不会对数据控制者造成太大损害,且能充分发挥数据价值。因此,在适用"搭便车"理论判断数据抓取是否涉及不正当竞争案件时,需对行为人的主观状态进行深入考察。

在本案中,新浪微博中明星微博的数据内容能够为它带来现实或潜在的商业利益,属于无形财产。因此,新浪微博可以对该数据进行占有、使用、收益和处分。被告"饭友"App 未经许可而大量获取并无偿使用新浪微博的信息数据,实际上是一种"不劳而获"的行为,主观上具有非法占用他人财产权益、破坏他人竞争优势、为自己谋取市场竞争优势的恶意,违反商业道德,构成不正当竞争行为。

2.3 数据抓取行为的《反不正当竞争法》适用

综合上述分析,在认定数据抓取行为构成不正当竞争时,可将条件归结为:① 数据抓取双方确实存在竞争关系;② 数据抓取行为攫取了对手的竞争优势,夺取了对方的用户流量,构成市场替代;③ 数据抓取行为有悖于行业道德和诚实

[①] 李慧敏,孙佳亮. 论爬虫抓取数据行为的法律边界 [J]. 电子知识产权,2018(12):58-67.

信用原则。

数据竞争是一种新型商业竞争模式,对诚实信用原则及传统的行业准则造成了一定挑战。因此,在认定数据抓取行为是否适用《反不正当竞争法》时,应结合具体情形分别进行分析,并非只要存在损害结果,即认定数据抓取行为具有不正当性,而是需要立足公平效率,兼顾私人利益与公共利益,综合考量抓取行为所造成的社会效果。对该类不正当竞争行为的认定应保持谨慎态度。

法院审理该案时适用了《反不正当竞争法》第十二条,"饭友"App 抓取新浪微博的数据信息后,将这些内容嵌入到自己经营的 App 中,与新浪微博提供同质化的服务,已经形成竞争关系,用户可通过"饭友"App 查看完整的明星微博内容,并可拥有新浪微博未设置的"送花"等功能,构成对新浪微博的市场替代,侵害了其商业经营利益,违法诚实信用原则,破坏市场秩序,可认定为不正当竞争行为。

3 关于认定数据抓取行为构成不正当竞争的立法建议

3.1 立法应具体列举规定互联网不正当竞争行为

针对新型互联网不正当竞争行为,如擅自抓取数据行为,我国立法并未明文规定其为不正当竞争行为,而是适用原则性规定,这会导致市场自由竞争秩序受到干预,难以发挥自由市场的优势。今后,立法应明确对具体新型不正当竞争行为做出列举性规定,从而减少原则性规定的滥用。由于执法人员不是专业的互联网从业人员或法律专家,执法机构级别又较低,仅适用原则性规定不能对所有新出现的互联网不正当竞争行为准确判别定性,立法应尽可能对所出现的新型互联网不正当竞争行为进行类型化列举。

3.2 立法应采用利益平衡原则

《反不正当竞争法》应明确规定互联网竞争的违法性判断标准,并采用利益平衡原则指导执法和司法机构判断竞争行为的违法性。由于互联网技术的前沿性和发展快的特点,互联网市场竞争的商业道德尚未完全形成和确定,我国立法对于互联网竞争的违法性判断除了商业道德的判断标准外还应引入利益平衡原则,综合考虑多方利益来认定涉案行为是否具有不正当性和违法性,在保证市场公平有序的前提下平衡各方利益以寻求利益最大化。针对数据的抓取和利用行为,立法应明确对他方数据的合法使用方式和范围。

在擅自抓取其他经营者合法收集数据信息的行为是否违反公认的商业道德这一问题的探索上,法院应该在考虑互联网产业发展和这种背景下信息高效共享、数据互联互通的特点的同时,努力兼顾平衡各方利益,充分考虑信息投入者的财产投资和对方自由竞争的权力。只有在利益平衡的基础上划定正当与不正当抓取数据的边界,才能实现反不正当竞争法维护自由和公平的市场秩序的立法目的。①

4　结语

本文基于"饭友"App 抓取新浪微博数据一案,从网络经营者之间的竞争关系及数据抓取行为的正当性两方面分析了数据抓取类型案件的争议焦点。是否存在竞争关系是认定能否构成不正当竞争的首要条件,主要从是否具有经营者资格、同类业务模式、争夺相同用户群体等方面判断;对数据抓取行为正当性的判断,主要从确定相关数据的价值、界定是否构成市场替代、区分抓取数据与链接行为、判断数据抓取者是否实施"搭便车"行为等方面考量。基于以上分析,认定数据抓取行为构成不正当竞争时,可将条件归结为:数据抓取双方确实存在竞争关系;数据抓取行为攫取了对手的竞争优势,夺取了对方的用户流量,构成市场替代;数据抓取行为有悖于诚实信用原则及商业道德。本文对认定数据抓取行为是否构成不正当竞争行为提出相关立法建议。

---

① 周新军,彭泽南,许秀雯. 论擅自抓取数据信息构成不正当竞争的认定 [J]. 当代经济,2018(15):140-141.

浏览器屏蔽广告行为的不正当竞争分析

——"世界之窗浏览器"案

内容提要：互联网时代带来了技术革新的同时，也为互联网案件的司法审判带来了一定的难度。关于浏览器屏蔽广告行为的案件也开始走进了大众视野，成为司法审判中的疑难个案。对于此类案件，《反不正当竞争法》中并没有针对性的条款，第二条一直被视为一般性条款、原则性条款。同时，最高人民法院为了发挥第二条一般条款的作用，对其适用做了明确的限制。① 浏览器屏蔽广告行为是否具有正当性，是否以竞争关系作为构成不正当竞争行为的关键，屏蔽广告是否是一种通用的商业模式，是否违反了公认的商业道德和诚实信用的原则，该行为是否扰乱了稳定的社会秩序、损害消费者和经营者的合法权益，都成了该类案件的争议焦点，学界对于该行为也存在分歧。本文以"腾讯诉星辉科技浏览器屏蔽广告案"为切入点，以利益衡量为视角，对此类浏览器屏蔽广告行为的性质进行分析，对其行为进行定性。

1 浏览器屏蔽广告行为的性质认定案件的争议焦点

1.1 案件梳理

2017 年，深圳市腾讯计算机系统有限公司（以下称腾讯）控诉星辉科技浏览

---

① 最高人民法院民事裁定书（2009）民审字第 1065 号，限制如下：① 法条未对该竞争行为作出列举式规定；② 经营者法的合法权益因该竞争行为遭受特定损害；③ 竞争行为违反诚实信用原则和公认的商业道德，扰乱社会经济秩序，具有不正当性或者可责性。

器屏蔽广告,此案件经过一审[①],星辉科技胜诉,原告不服一审判决,提起上诉,最终本案以腾讯胜诉告终。[②]

一审原告主张星辉科技开发运营的"世界之窗浏览器"设置了广告屏蔽技术,该技术的运用有效屏蔽了在其网页上播放影片时所出现的各类广告。广告收入是腾讯一部分收入来源,该屏蔽行为导致广告投放量降低,腾讯的经济收入受到了一定程度的损失,而星辉公司因为其屏蔽广告的行为吸引了大批用户流量,提高了体验度,获得了商业利益。腾讯方面认为,星辉科技的行为严重违反诚实信用原则及商业道德,对本公司的合法权益造成了严重损害。被告声称,腾讯公证的电脑上未进行清理,其屏蔽广告的行为有可能是其他杀毒软件所导致的;被告不认为双方之间存在着竞争关系,因此不存在构成不正当竞争的关键因素。其次腾讯主张的"免费+广告"的商业模式不是法律所强制保护的法益,再者用户没有观看广告的义务,而且用户不观看广告是其自己的选择,根据腾讯提供的财产报表,屏蔽广告的行为并未对其造成实质性的损害。一审判决原告败诉,该法院认为,被告屏蔽广告的行为并没有对原告造成根本性的损害,且只要竞争就会有损害;同时屏蔽广告的行为是一种公认的商业惯例,该行为有利于消费者的利益。

二审原告上诉称,浏览器应该针对互联网上的不良信息进行屏蔽,对于经正当途径投放的广告不应进行屏蔽,星辉科技在屏蔽广告的同时,把其 VIP 付费按钮也一并屏蔽了,其花费高昂的价格买下电视剧、电影等版权,广告已成为其主要的盈利来源,把 VIP 付费按钮一并屏蔽的行为对其经济收入带来了实质性的影响。一审对于行业惯例的认定存在错误,该行为并没有成为一种公认并普遍遵循的做法。星辉科技进行广告屏蔽时,是针对特定的 URL 进行设置,只有被星辉科技进行技术设置了的视频网站才能达到屏蔽该视频广告的效果。一审中星辉科技虽然辩称屏蔽广告的行为是用户自己的选择,但是其在操作的时候把屏蔽广告的选项放在一级子菜单,并且在其官网论坛以及产品更新日志中向用户进行了大量的宣传,从而干扰了用户的选择。虽然短期看来,屏蔽广告行为对消费者有好处,但腾讯称,浏览器屏蔽广告功能不能长久地使消费者受益。被告辩称,首先,屏蔽广告的功能是用户自主选择的结果,其本身并没有主观恶性,且有利于消费者的利益,是一种公益行为;其次,竞争本身就是一种损人不利己的行

---

① 北京市朝阳区人民法院(2017)京 0105 民初 70786 号判决书。

② 北京市朝阳区人民法院(2018)京 73 民终 558 号判决书。

为,竞争中双方有利益的损害是一种必然的结果,但是广告过滤功能不会给腾讯造成重大利益损害,也没有对其正当经营行为进行干扰;最后,从经济调查数据分析,屏蔽广告功能有利于社会总福利的增加。

二审推翻了一审判决,二审法官认为,该行为只存在于少数浏览器中,并未达到一种公认的商业惯例的程度,被告对原告的 ULR 进行了针对性的设置,还在其平台广泛宣传广告屏蔽功能,影响用户的选择,具有主观上的恶性。最后在对各方利益进行分析的基础上,得出该行为损害了经营者、消费者利益以及社会总福利,因此该行为构成了不正当竞争。

1.2　案件裁判结果——争议焦点

1.2.1　双方是否构成不正当竞争——竞争关系的认定

该案件一审、二审的法官都认定竞争关系的存在并不是构成不正当竞争的关键。现阶段,大部分学者的观点还是认为不正当竞争的源头仍是竞争关系,若双方不存在竞争关系,则不正当竞争无从谈起。而部分学者及本案的法官却有着其他的观点,他们认为在认定不正当竞争时,可以不再考虑二者是否存在竞争关系。学界乃至法官都将竞争关系进行了扩大化解释,不再将竞争关系限制在同行业内。在"合一信息技术有限公司诉北京金山安全软件有限公司不正当竞争案"中,一审和二审判决对于竞争关系的认定都是从广义出发。一审[1]法官认为,对于竞争关系的理解不应当仅指同业竞争,尤其是依托于互联网的经营竞争,往往经营活动都具有交织性和跨界性,没有了明显区分的市场界限,应该着重从是否存在经营利益角度出发进行考察;二审[2]法官就此提出了新的评判标准——"损人利己可能性"。如果将竞争关系缩限得过于狭窄,如仅限于同行业之间,则不能规范许多事实上的竞争行为;同时,我国《反不正当竞争法》中也未明确要求竞争双方必须要限定在同行业内,因此驳回了被告的主张。笔者认为,竞争关系的扩大化解释就意味着竞争关系无须作为判定行为是否构成不正当竞争的要件之一,即对竞争关系的判断进行了弱化。那是否要需对竞争关系进行认定呢?笔者认为需要。竞争关系的认定并不是要求法官局限于行业之间,竞争本就是双方或者多方之间为了争夺有限市场资源的一种对抗行为,是一种对市场利益的抢夺。如果没有竞争关系,就不存在利益的争夺,也就不存在竞争,那何来不

---

[1]　北京市海淀区人民法院(2013)海民初字第 13155 号判决书。

[2]　北京市第一中级人民法院(2014)一中民中字第 3283 号判决书。

正当竞争？因此，在判断双方是不是存在竞争关系时，关键是要看双方有没有利益的交叉。司法审判和学界都将竞争关系进行了扩大化的处理，不仅仅限于同行业之间，只要双方有利益关系与竞争行为，即可以认定为双方存在竞争关系。

1.2.2　屏蔽广告行为是否违反了《反不正当竞争法》第二条的规定

《反不正当竞争法》第二条作为原则性条款，法院对其适用也十分谨慎，以防止因其适用范围的扩大而妨碍自由、公平的市场竞争。在判断行为是否具有正当性的问题上，最高人民法院一般考虑该行为是否违反了公认的商业道德和诚实信用的原则，这与我国市场经济体制的本质（道德支配市场）高度契合。在司法实践活动中，法官更倾向于使用行业规定或是提出"非公益必要不干扰原则"[①]等新规则来对互联网中的商业道德进行重新认定。德国学者更倾向于对商业道德进行认定，即"若仅依据行业中共同制定和认定的规则来确定商业道德，进而判定该行为是否正当，有失偏颇，即使是共同制定在行业中多次适用的规则，也不一定是合理的，也可能损害竞争秩序。"引用行业规则一定要十分谨慎，但是并不是说没有被认定为是行业规则的行为就一定不是正确的行为。对于法官创设的"非公益必要不干扰原则"，学界大多数学者也是保持着怀疑和否定的态度。笔者看来，虽然该案法官对"非公益必要不干扰原则"进行了解释，但观点始终是围绕对公共利益，即社会总福利、消费者利益、经营者利益的考量，对合法的公共利益、长期的公共利益给予保护等方面，其并未对"必要、干扰"等特定条件进行详细的解释；而且在司法审判过程中，"公益"一词可能会干扰法官做出正确的价值判断和利益衡量。[②] 干扰一词本身就带有一种否定的色彩，我国鼓励竞争，只有竞争，市场才会有活力，该词似乎把竞争行为界定为一种干扰。除此之外，

---

① "非公益必要不干扰原则"是在"百度诉360案"中由石必胜法官提出的，指的是网络服务提供者在特定情况下可以不经网络用户知情，以及不经其他互联网产品和服务提供者同意，干扰他人互联网产品或服务的运行，但必须限于保护网络用户等社会公共利益的需要，并且应当确保干扰手段的必要性和合理性。其将非公益必要不干扰原则归结为4点：① 互联网产品或服务应当和平共处，自由竞争，是否使用某种互联网产品或者服务，应当取决于网络用户的自愿选择；② 互联网产品或服务之间原则上不得相互干扰；③ 确实出于保护网络用户等社会公众的利益的需要，网络服务经营者在特定情况下不经网络用户知情，以及不经其他互联网产品或服务提供者同意，也可干扰他人互联网产品或服务的运行，但是应当确保证明干扰手段的必要性和合理性；④ 否则，应当认定其违反了自愿、平等、公平、诚实信用原则，违反了互联网产品或服务竞争应当遵守的基本商业道德，应当承担相应侵权责任或不正当竞争责任。

② 薛军．质疑"非公益必要不干扰原则"[J]．电子知识产权，2015（Z1）：66-70.

有利于公共利益就可以用技术手段破坏其他经营者的正常经营活动吗？这种说法似乎行不通。再者，"非公益必要不干扰"虽然为司法审判提供了一种新的裁判思路，但是真的可以作为法律原则来适用吗？原则是法律规范的一种形态，适用上具有特殊性，该条款推行时间不长，而且学界频频质疑，是否存在更好的选择路径，而并非将其上升为一种原则。

回归本案的判决，在一审判决中，无论是星辉科技浏览器还是腾讯公司自己运营的浏览器，都能够达到广告屏蔽的效果，给公众带来利益，即使该行为给后者带来了损害。但结合上文所述，只要该行为是以公益为目的，则可以对其他软件进行干扰。笔者认为，该一审判决从根本上认为，只要是有利于消费者的利益，则不论该行为是否扰乱了市场经济秩序，是否对其他经营者造成了损害，都可以认定为其有正当性，即把消费者利益作为了衡量正当性的唯一标准，很明显该判决存在缺陷。在二审判决中，法官一改一审判决对于正当性判定的认知，把正当性的判定从消费者的利益扩大到了社会公共利益，对各方利益进行综合考量可以更客观地分析出广告屏蔽行为是否损害了社会公共利益。

2　学界对于浏览器屏蔽广告行为的讨论

浏览器屏蔽广告行为是否应判定为不正当竞争行为，学界也是众说纷纭，但是依旧可以归结为两种观点：一是浏览器屏蔽广告行为扰乱了市场秩序，是一种"搭便车"的行为，应当予以规制；二是浏览器屏蔽广告行为是正常的市场竞争的结果，法律不应该干预市场竞争机制的运行，优胜劣汰是市场竞争的规则。

美国最高院 Breyer 大法官曾说："市场竞争就应当由市场解决，法律如果过多操控就会丧失市场的活力。对于法律没有规定的行为，法官所具备的能力并不能更好地解决新技术或者未来技术用途或者商业前景的问题，如果对这些类行为做出错误的定论可能就会抑制市场竞争的活力。"① 有学者指出，广告屏蔽不能构成侵权，如果不想被屏蔽广告，经营者可以寻找其他的技术措施来防止广告被屏蔽，从而刺激市场的竞争活力，推动技术的创新。有的学者指出，广告屏蔽对消费者而言是一种利大于弊的行为，有利于获得用户网络自治权，同时也有利于屏蔽干扰性的广告。随着大数据的发展，算法开始渗透到我们每个人的生活

---

① 吴逸轩. 市场的竞争机制不应任由法律干涉——评腾讯公司与世界星辉公司不正当竞争纠纷案 [J]. 湖北经济学院学报（人文社会科学版），2018，15（12）：80-83.

中,网站可能从用户的浏览活动中获取大量的数据,并将数据卖给一些线上的销售商进行市场定位分析,精确推断出用户的爱好,通过广告的形式给用户进行推送。但是,网络并不能保证推送的都是真实有效的、没有虚假信息和虚假宣传的广告,因此学者认为互联网屏蔽广告的功能有利于保护消费者的隐私,同时也可能防止消费者受骗。德国最著名的广告屏蔽软件是 Adblock Plus(简称 ABP),该公司的母公司 Eyeo 被 Axel Springer 以违反不正当竞争起诉至科隆高等法院。在该法院的判决中,我们可以明显看出,法院支持 ABP 屏蔽广告的行为是一种合法行为,但是认定 ABP 通过白名单收取内容提供商费用的行为违反了《反不正当竞争法》。在过去的几年中,凡是原告诉至法院认为屏蔽广告违法的行为都被法院所驳回。笔者认为,美国和德国对于不正当竞争的态度是比较严谨的,市场的竞争活动就需要交给市场机制处理,如果法律介入过多,市场机制就不会发挥作用,同时市场也会失去活力,法律的介入只会让经营者的行动范围变得更加狭窄,在狭窄的活动空间中竞争,最终买单的仍旧是消费者。当出现一个广告屏蔽技术之后,如果第一个想法就是依靠法律来制裁干扰者,那竞争就会变得毫无意义。试想一下,如果一有损害就寻求法律救济,司法审判还倾向于保护经营者的利益,那市场就会变为一潭死水,也会频繁地出现一家独大或者垄断市场的局面。

大多学者认为,《反不正当竞争法》第二条对审理互联网新型不正当竞争行为的案件完全适用[①]。市场机制的存在就是要维持稳定的社会秩序,屏蔽不良广告的行为本身就是一种公益,不会对正当经营者造成任何影响。网站播放视频时,片头和片中出现的广告是经营者乃至整个视频软件公认的盈利方式,是正当性经营过程,也不是网站所弹出的低俗广告,并且该广告和付费 VIP 是视频网站的主要收入来源。如果连对经营者正常经营活动的破坏都不能适用《反不正当竞争法》的话,那第二条所说的扰乱市场秩序到底是一种什么样的行为。消费者没有义务观看广告,但是笔者认为这并不是一种义务,而是市场中的一种交换。版权费是视频网站支付的,用户并没有支付费用,那为什么用户就可以不用支付任何成本观看视频网站花费高价买下版权的作品呢?如此认定,毋庸置疑是不

[①] 《反不正当竞争法》第二条规定就指出经营者在生产经营活动中,应当遵循自愿、平等、公平、诚信的原则,遵守法律和商业道德。不正当竞争行为为违反本法规定,扰乱市场竞争秩序,损害其他经营者或者消费者的合法权益的行为。因此,学界支持者认为,本条款是对不正当竞争的限定,如果违反了本条款即使竞争行为促进了社会竞争活力,该行为也构成不正当竞争。

平等的。笔者认为,对于屏蔽广告行为是否构成不正当竞争需要考虑多方面的因素,但是,对于要求经营者利用技术的创新来打破这种局面的观点,笔者是持反对态度的。虽然这样是刺激了市场的活力,推动了技术的创新,但是这也无疑让市场进入了一种恶性循环,最终对经营者双方并没有任何实质性的好处,损耗人力物力的同时,并不会带来经济上的效益。

3 利益衡量作为判定不正当竞争的工具

如何判断某种互联网竞争行为是否构成不正当竞争,已经成了司法实践中的难点和关键点。前文中阐述的在之前的司法实践中,法官倾向于将《反不正当竞争法》第二条做扩大解释,将公认的商业道德和诚实信用的原则作为判断不正当竞争的依据。但是公认的商业道德本质上是一种主观形态,这就相应地扩大了法官的自由裁量权,因此又有了"百度插标案"中的"非公益必要不干扰原则"。"非公益必要不干扰原则"并不是一项成熟的适用原则,司法实践对此也有众多诟病,并不敢轻易适用;而行业规则也是有好恶之分,如果不能准确地加以判断,也是不可取的。因此学术界、司法界一直在寻找是否有更好的衡量标准。受日本和德国学者的影响,近年来,学界的研究重点也已经从公认的商业道德转向利益衡量。腾讯诉星辉科技的案件就是互联网案件中援引利益衡量工具作为判断不正当竞争的一次突破。该案的法官提出是否可以根据《反不正当竞争法》的社会法属性,即通过该行为是否有利于增进消费者、经营者的利益及社会总福利,进而判定该行为是否构成不正当竞争。对该竞争行为所涉及的利益各方进行量化分析,最后得出一种客观的衡量结果,即广告过滤功能的开放会损害社会总福利。

3.1 利益衡量方法引入司法判决的适当性

利益衡量作为一种法学方法,在"动态竞争""损害中性""法益中性"等三方面与《反不正当竞争法》的理念高度契合。《反不正当竞争法》的第一、二条的立法理念中提到鼓励和公平竞争,保护消费者和经营者权益,维护市场竞争秩序。所以,在判断一项互联网竞争行为是否正当时,需从多角度进行利益的衡量。[①]

---

① 王磊. 法律未列举的竞争行为的正当性如何评定——一种利益衡量的新进路 [J]. 法学论坛,2018,33(05):126-136.

企业天生就是为了盈利而存在,经营者的行为也都是围绕着利益展开。市场竞争本身就是带有"损人不利己"的特性,在竞争中肯定会有一方的利益受到损失,一方获得了经济利益。不能因为一方利益受到了损失就归结于其违反了诚实信用的原则、扰乱了市场的竞争秩序。

在司法实践中,由于一般条款适用上的不确定性,法官更倾向于将诚实信用原则转化为利益衡量的方式,衡量相互冲突的各种利益关系,并且做出符合立法意图的裁判,这正是利益衡量的思维路径。[①]很明显,在"腾讯诉星辉科技案"中,法官即采取了此种方式,并取得了良好的裁判效果。

对于互联网发展带来的新型案件,法律的适用不可避免地存在一定的滞后性和局限性,引入利益衡量的方法可有效地在司法实践中弥补法律的不足。同时,法官可以通过利益衡量的方式寻找一种最佳的裁判路径,从而弥补法律适用的滞后性,更好地规制互联网竞争行为。

3.2 域外利益衡量论——以日本为代表

梁慧星教授将加藤一郎的利益衡量论引进中国。加藤一郎在书中强调的是对"观念性"法学的不满,批判法官在裁判时只是单纯机械地适用法律条文,只注重法理论,忽略对实际问题和利益衡量的分析,因此加藤一郎迫切地想改变当时日本观念性法学的现状。加藤一郎主张的是自由法学,批判纯粹的概念法学,其认为概念法学只是把法条作为判断案件的依据,排斥了法律和事实以外的其他一切因素,而法官只是依据法规和事实做出形式上的、机械的判断。在最开始,加藤一郎主张人们应当在一张白纸的状态下思考问题,把法律法规统统抛在脑后,不加考虑,防止法官有所偏颇。但是后期他也指出这只是一种理想的状态。加藤一郎认为,除了在有关法律问题上法官的思想和知识要超过普通人,在其他方面与普通人并没有任何差距,比如价值判断和利益衡量方面。法官对一个事物的基本价值判断与普通大众的基本价值判断没有本质的差异,民众信任法官才允许他们做出价值判断。加藤一郎认为,在具体适用利益衡量论的还应该注意两点内容:① 法领域的不同会导致法律判断不同,法律的安定性只是在不同的场合需要被考虑的因素之一,并没有绝对的价值;② 在适用之时,还必须要注意

---

① 王磊. 法律未列举的竞争行为的正当性如何评定——一种利益衡量的新进路 [J]. 法学论坛, 2018, 33（05）: 126-136.

利益衡量的限度,不要陷入广义利益衡量的误区。①

星野英一在《民法解释论序说》一书中也提出利益考量理论。笔者认为星野英一的理论中最有意义的地方就是对价值判断的衡量,他认为,人的尊严、平等、精神自由等是很难被否定的。笔者认为,星野英一所主张的应该是哲学上的主观见之于客观,其不赞成价值判断是一种单纯的主观上的行为,其认为价值判断的衡量标准是一种客观上的衡量标准,数据能够更好地表现价值的判断,而不需要法官自由裁量权的扩大。其主张价值判断是一种客观上的表现,为我国司法裁判提供了一条新的路径和衡量的标准。

3.3 利益衡量—利益的评估

在"腾讯视频诉星辉科技"的案件中,法官对于利益的衡量是从消费者、视频平台、广告投放者、浏览器经营者四个方面进行综合分析的。目前学界是从竞争者、消费者以及公共利益三方面进行分析,以得出该行为是否侵犯了社会公共利益,从而判定该行为正当与否。

3.3.1 经营者利益

《反不正当竞争法》对经营者的保护主要是保护其自由竞争与正当竞争利益。② 有竞争就会有损失,不正当竞争中也有"损害中性"的规定,因此在判断不正当竞争时,不能因为一方经营者对另一方经营者造成损害,就认为其行为有不正当性。当双方经营者为了争夺某种资源或者市场而进行多种方式竞争时,只要双方不违反《反不正当竞争法》中规定的禁止性条款,即使给对方造成了损害,受损害一方也不能够以对方存在不正当竞争行为而获得法律的保护。这符合反不正当竞争中"损害中性"的理念。如果损害一方想要提起不正当竞争之诉,损害必须要达到一种"根本性损害"的程度。过往的司法审判中都倾向于保护在先经营者的利益。即使是保护在先经营者的利益,对于后经营者而言,法院也不会给予其过重的处罚,法官还是旨在维持稳定的社会秩序。在不至于对后者造

---

① 梁慧星 . 民商法论丛(第 2 卷)[M]. 法律出版社,1994 年版,第 90 ~ 92 页。误区具体有 3 种:具体说来,一是要考虑这个利益衡量"是否有害法的安定性";二是要注意"利益衡量论要具有合理性,具有说服力";三是要注意与条文的结合,否则"如不将有合理性、可接受性的说明与条文相结合,仍将属于任意的议论",而不能说服法官做成判例、判决,终归没有任何意义。

② 范长军 . 德国反不正当竞争法研究 [M]. 北京:法律出版社,2010:111.

成严重打击的情况下,使市场能够保持一种良性的竞争模式。

3.3.2 消费者利益

《反不正当竞争法》修改之后,在第一条中加入了保护消费者的合法权益,在司法实践和学术中,都普遍将消费者的利益作为判断竞争行为正当性的考量因素。一旦利益被法律普遍认可,上升为一种权利,即本身就有受保护的该当性。在"新浪诉脉脉案"[①]的终审判决中,法院指出,一种行为如果损害了消费者的权益但没有对公平竞争秩序构成损害,则不属于不正当竞争行为。"腾讯公司诉星辉公司案"的一审判决,对"非公益必要不干扰原则"做了狭义解释,认定此处的公益仅指的是消费者的利益,消费者在屏蔽广告中获得了实际利益,即使该行为损害了腾讯公司的利益,但是根据竞争的"损害中性"理论,星辉科技不构成不正当竞争。经营者的市场行为归根到底就是以消费者为终极目标,而消费者的利益自然而然就成为利益衡量中的重要一环。2017 年对《反不正当竞争法》进行了修订,其中第二条将消费者利益包含在内,但是这并不意味着消费者利益是唯一的衡量因素。保障消费者能正常参与到市场中去、保护消费者的决策自由是法律的目的,但是这种保护也是有一定限度的,不意味着无限制的自由。消费者利益是刺激市场竞争的良好催化剂,而不是加速市场恶性竞争的推手。

3.3.3 社会总福利

利益衡量中的社会总福利是正常竞争所带来的公共利益,也有的学者称之为社会秩序,一般而言,其包括市场透明、信息传播和促进创新等。[②] 不正当竞争中,社会总福利是一种长期利益,短期利益并不是衡量的要素。在"腾讯公司诉星辉科技案"二审判决中,把社会总福利作为衡量不正当性的标准,推翻一审判决中"仅以消费者利益作为衡量标准"的依据。在二审判决中,量化的方式更好地对双方经营者和消费者的利益进行了长期分析,在分析的基础上发现,长期应用浏览器屏蔽广告软件,不仅对腾讯公司的利益带来损害,而且也不利于星辉科技浏览器的发展,当所有的浏览器都拥有该功能之后,该浏览器就不再具有先前的竞争优势;而对于消费者而言,应用广告屏蔽功能虽然能够短暂地获得利益,但是视频提供方会统一转为收费模式,长此以往,消费者对于所有视频只能无选

---

① 北京知识产权法院(2016)京 73 民终 588 号判决书。

② 林璐. 互联网广告屏蔽行为正当性判定研究——以利益衡量方法为工具 [J]. 四川职业技术学院学报,2020,30(03):20-26.

择地进行付费,不利于保护消费者的长远利益。

笔者认为,利益衡量的方式在司法实践中是相对于公认的商业模式下更为客观的一种衡量正当性与否的手段。虽然其不可避免地要进行价值衡量,但是价值衡量这种主观上的标准可以转化为一种客观的衡量手段——数据。用数据证明损失的大小更加具有直观性,也避免法官自由裁量权的过分扩大化。用社会总福利的衡量方式取代单纯保护消费者利益是司法审判的一次重大进步。

4　结语

互联网不正当竞争行为的出现已经成为学界和司法界研究的重点,对不正当竞争行为中竞争关系的认定、正当性的判定标准依然是研究的热门领域。本文从案例出发,对不正当性的判定及不正当行为的衡量标准进行研究。笔者在分析了大量互联网不正当竞争案例的基础上,认同利益衡量工具,在考虑消费者利益的同时还应该对经营者利益及社会总福利加以考虑。笔者认为,市场竞争的目的最终还是争夺利益和流量,落脚点还是在于消费者,公认的商业道德标准仍然是把经营者和竞争放在了首要考虑的位置。消费者在市场竞争中起到了关键性的作用,如果单纯地从消费者利益出发的话,可能会导致恶性竞争;如果仅从经营者和竞争者一方的利益出发,可能会引发一系列的市场垄断行为。因此,既要保障消费者的利益,又要保持市场的良性竞争,从社会总福利的角度去衡量行为的正当性与否是笔者所认同的。

"游戏模拟器"的版权侵权与不正当竞争分析

——全国首例游戏模拟器案

内容提要: 传统游戏模拟器是一种通过电脑或其他多媒体进行软件模拟, 将游戏转移到另一个设备中的程序。全国首例游戏模拟器侵权案中的"游戏模拟器"并非传统模式的模拟器, 而是一种游戏辅助软件, 是为玩家提供模拟训练平台, 通过微信小程序的方式在网络中传播。2020年7月底, 全国首例涉游戏模拟器知识产权侵权案宣判, 该案从受理到宣判将近一年, 判决书长达13万字、340余页。该案在如何界定游戏元素构成作品的认定标准、如何认定游戏中不正当竞争行为的构成要件等方面进行了积极探索, 也引起人们对游戏模拟器等相关产业中的新型法律问题的关注。

1 全国首例游戏模拟器案

1.1 案情简介

2015年, 杭州网易雷火科技有限公司(以下简称网易雷火公司)自主研发出一款名为"率土之滨"的游戏, 该游戏使同一服务器的数千玩家共同存在于一张大地图中, 每个玩家拥有自己的主城与土地, 通过搭配武将和战法, 不断战胜土地上的敌方守军, 实现领土扩张并获取更多的资源。这是一款和同盟成员一起攻城略地, 在赛季结束时占领城池, 最终可以一统天下的策略类游戏。该游戏曾获得24个游戏奖项, 连续4年排在游戏畅销榜的前列。杭州千陌科技公司(以下简称千陌公司)也研发、运营出一款"率土模拟器", 其独立著作权人为吕某某、林某, 他们根据"率土之滨"游戏中生成的战报, 通过概率和算法分析, 找出武将与战法的最佳搭配, 向玩家提供了一个跳过反复练习、快速提升技能、破解游戏玩法的平台。因此,2019 年 9 月,网易雷火公司将吕某某、林某及千陌公司诉至法庭,成为全国首例涉游戏模拟器著作权及不正当竞争案。

本案中,网易雷火公司认为千陌公司开发运营的"率土模拟器",抄袭了"率土之滨"游戏中的相关文字内容及图片,严重侵犯了网易雷火公司的著作权,破坏了公平竞争的市场秩序,违反公平、诚信原则和商业道德,属于不正当竞争行为。

千陌公司则辩称,"率土模拟器"为策略类游戏常用的"角色 + 技能"组合产生结果的计算机逻辑系统,在同类型游戏中普遍适用,该系统受著作权法的保护,系统本身没有侵权,不构成不正当竞争。

杭州互联网法院认为,著作权法保护的是具有独创性思想的表达方式,并不保护作者意识形态上的思想。所以,在判断该对象是否为作品时,先抽离出不受保护的思想,再过滤掉属于公有领域的部分,再判断剩余的部分是否具有独创性。本案中,"率土之滨"游戏的文字内容是根据三国历史故事创作的,同时结合开荒游戏玩法创作而成,具有独创性,游戏中 472 条战法构成《著作权法》意义上的文字作品,154 副武将卡牌形象构成《著作权法》意义上的美术作品。"模拟战斗"功能模块作为"率土之滨"游戏的组成部分,应当纳入该游戏整体予以保护。换言之,该功能模块如果属于该游戏中的独立创作部分,可直接作为作品或制品适用《著作权法》进行保护;如果该功能模块不属于该游戏中的独立创作部分,要么属于著作权不予保护的"思想或内容",要么属于公知领域的表达,原本就无法获得法律上的专有保护。游戏功能模块的实质是游戏的规则式玩法,属于思想范畴,不能获得《著作权法》的保护,也不能以《反不正当竞争法》予以保护。

同时,杭州互联网法院还认为,现行的《反不正当竞争法》对《著作权法》起到补充作用,如果被诉行为通过《著作权法》予以保护,则不再适用《反不正当竞争法》予以救济。如果被诉不正当竞争行为与著作权侵权行为系同一行为,其主张被诉不正当竞争行为所产生的损害后果亦未超出著作权侵权损害范围,在被诉行为不构成独立行为及独立后果的前提下,该损害结果仅是著作权侵权的损害后果之一,司法不宜再给予双重评价与双重保护。

1.2 裁判结果

2020 年 7 月 29 日,全国首例涉游戏模拟器知识产权侵权案在杭州互联网法院进行宣判:千陌公司停止侵权;赔偿网易雷火公司经济损失及合理开支 150 万元,其中包含文学作品侵权赔偿 50 万元和美术作品侵权赔偿 100 万元;关于不正当竞争的诉讼请求,因缺乏事实与法律依据,不予支持。[①]

一审宣判后,网易雷火公司及千陌公司均不服判决,提出上诉。二审驳回上诉,维持原判。

2　游戏模拟器运行的方式

游戏模拟器曾被定义为允许个人电脑或游戏机跨平台模拟其他电子游戏机的程序,原意为"仿真器",多为电视游戏和街机模拟器。但随着时代的迅速发展,人们对游戏模拟器的需求不仅限于对游戏环境与使用平台的模拟,还要求增加对游戏玩法的模拟,即通过算法与概率的分析创造出新的游戏模拟软件,还原原游戏中的人物设定、游戏规则、场景设置等,从而更快掌握游戏技巧。不同于计算机平台模拟器或操作系统模拟器,新的数据型模拟器应运而生。

网易雷火公司诉吕某某、林某、千陌公司著作权侵权及不正当竞争一案中,吕某某和林某研发的"率土模拟器"正是这种数据型模拟器。他们根据"率土之滨"游戏中生成的战报进行数据统计,通过编程的概率和算法分析,将原游戏中的人物设定、游戏模式、动画场景等进行最大程度的还原,找出武将与战法的最佳搭配,向玩家提供了一个快速提升技能、破解游戏玩法的平台,使玩家在原游戏中能够更熟练地运用技能,获得更好的战绩。

3　游戏模拟器著作权侵权潜在风险分析

游戏模拟器与原游戏相伴而生,游戏模拟器为玩家提供了模拟原游戏的训练场,但由于游戏模拟器使用的游戏玩法规则、数值策划、技能体系、武将卡牌形象等与原游戏中的要素存在一定程度的相似,很容易模糊模仿与侵权之间的道德边界,使得当前网络游戏作品中的侵权手段越来越隐蔽。

3.1　游戏规则的可版权化分析

界定游戏的玩法规则是否属于著作权的保护范围,我国司法实践也经历了一个不断变化的过程。目前,我国游戏规则的可版权化之路还在不断探索之中,

---

[①]　杭州互联网法院(2019)浙 0192 民初 8128 号判决书。

"炉石传说诉卧石传说案""太极熊猫诉花千骨案"这些案例正在使法院将游戏规则划分到思想范畴而不是著作权领域的观念一点点转变。

本案中,法官及相关专家将网易雷火公司设计的472个武将战法的文字内容和154副卡牌角色图片与千陌公司"率土模拟器"中的内容进行了详细对比,认为网易雷火公司"率土之滨"游戏中的文字内容创意丰富、卡牌图画设计精美,具有《著作权法》中文学艺术作品的独创性。游戏设计则包涵多种因素,如游戏主题、游戏机制、游戏中的人物角色、场景模式、动画设计等,现行《著作权法》已明确其在保护范围之内。游戏规则的运用是网络游戏的重要组成部分,能否版权化目前学界仍存在争议。

"思想-表达"二分法表明了著作权法只保护作品的表达方式,而不保护思想本身,这是划分版权保护与公有领域的分水岭,避免了对思想的垄断。例如,在"炉石传说诉卧石传说"一案中,法院将游戏界面的布局及卡牌的"能力值""技能"设计认定为"思想",不受《著作权法》的保护。[①]可见,法院并未将游戏规则与具体表达进行明确的区分,而是一刀切地认定为"思想"。游戏设计中的"游戏规则"并不能被简单地纳入《著作权法》"思想-表达"二分法中的"思想",游戏设计中的"规则"仅顶层规则部分可确定被纳入"思想-表达"二分法中的"思想",其他规则部分则需要具体问题具体分析。

"率土之滨"游戏中,武将战法中出征武将的名字、攻击距离、攻击条件等文字内容属于对游戏规则的一般性描述,与当下市场中流行的三国类游戏中的规则相似,同时其作品中的人物角色名称也属于《著作权法》中规定的公知领域,不属于《著作权法》的保护对象。"模拟战斗"板块作为"率土之滨"游戏的重要组成部分,应当作为游戏整体的一部分进行保护。同时,"率土之滨"中的武将角色多来源于《三国演义》等文学作品,是社会共同财富,这些来自公知领域的人物角色名称及其事迹本身也不属于《著作权法》的保护对象。但是,网易雷火公司将三国典故中人物角色、战法技能等文字内容组合为一个整体,做成具有独创性的开荒式网络游戏作品,符合《著作权法》意义上的"作品"。因此,在这种背景下,游戏规则属于"思想",游戏规则本身不受《著作权法》保护,但游戏规则的文字表述需要《著作权法》保护,游戏规则不可版权化仍是国内外司法实践的共识。[②]

---

① 最高人民法院(2009)民申字第1065号裁定书。

② 陈宁怡.思想/表达二分法下电子游戏规则可版权性的法律分析——从"《太极熊猫》诉《花千骨》案"谈起[J].传播与版权,2020(09):189-192.

在许多情况下,作品中的"思想"与"表达"的界线并不十分清晰,对个案进行判断时可以采用"三步检验法",通过"抽取—过滤—对比"的方式,将"思想"与"表达"抽离出来。事实上,"思想 - 表达"二分法自诞生之日起就饱受争议,由于这种方法在司法实践中不具有普适性,容易模糊其划分边界,法官这个方法也有较大的自由裁量权,导致各地裁判存在差异。因此,"思想 - 表达"二分法不同于知识产权法中的其他具体制度,在司法裁判中的适用更多地依赖于法官对著作权法激励功能的把握和对产业利益的考量等价值判断。① 所以,要厘清游戏整体中的游戏规则板块、战法文字内容、动画人物设计的保护界限,运用"思想 - 表达"二分法进行分析,将网络游戏的不同要素进行拆分保护、分类讨论,有利于规范网络游戏作品的知识产权保护。但是从另一角度看,这种方法容易忽略作品的完整性表达,割裂作品本身的特征。

3.2 "适当引用"规则在游戏模拟器中的适用分析

《著作权法》中关于作品是否抄袭的认定,可先判断该作品是否可以受《著作权法》保护,再判断所使用的他人作品是否超出法律规定的"适当引用"的范畴。

"适当引用"属于《著作权法》中合理使用原则的基本范畴。游戏模拟器为玩家提供的是最大程度还原原游戏的模拟训练平台,使玩家从中获得相似的游戏体验。游戏模拟器使用的源代码与原游戏之间不尽相同,判决中侵权部分也仅限于"率土之滨"游戏设计中的文字作品和与人物动画设计相关的美术作品。虽然千陌公司"率土模拟器"采用了一定的技术手段筛掉了大量的游戏原图,但其动漫人物设计和文字内容与"率土之滨"游戏有较高的相似度,侵犯了他人的独创性设计,构成著作权侵权。

在本案中,千陌公司称游戏中相关的图片和文字均为用户自行上传,已主动通过图像审核的方式筛掉用户上传的大部分游戏原图。根据《民法典》第一千一百九十七条的相关规定,网络服务提供者知道或者应当知道网络用户利用其网络服务侵害他人民事权益的,应当采取必要措施进行制止。虽然千陌公司称已经通过图像审核的方式筛掉了原游戏中的大部分原图,但"率土模拟器"中使用的人物、文字等与网易雷火公司"率土之滨"游戏趋于雷同。同时,"率土之滨"游戏发表在先,千陌公司也未能举证证明其未接触权利人的作品或先于网易

---

① 赵锐. 版权法中思想／表达二分法的反思与认知 [J]. 清华知识产权评论,2019（05）:60-74.

雷火公司创作。在本案中,"率土模拟器"使用的文字内容、武将卡牌人物形象与网易雷火公司高度相似,并无其他实质性创作内容,因此法院认定双方武将卡牌形象主要特征表达相似,构成实质性相似;认定千陌公司对侵犯涉案的472条武将战法文字内容、154副武将卡牌形象的著作权侵权行为承担法律责任。

由于游戏模拟器新兴市场的特殊性,一方面要注重还原原游戏的人物设定、场景设置、游戏规则,从而满足用户的游戏体验感;另一方面还要明确《著作权法》中如何界定"适当引用他人的作品"的边界,尊重游戏整体知识产权,保护游戏开发者的合法权益,维护网络游戏市场的健康运行。

4 著作权保护与反不正当竞争保护的法律适用的界限

在当前《著作权法》与《反不正当竞争法》之间法律适用的选择过程中,通常将《反不正当竞争法》作为《著作权法》的补充。如果被诉行为可以适用《著作权法》予以保护,则不再通过《反不正当竞争法》进行规制。另外,如果被诉行为不构成《反不正当竞争法》规定的法律行为及法律后果,同时该损害结果侵犯了《著作权法》保护的法益,那么实践中该行为仅通过《著作权法》进行保护,不宜通过《著作权法》与《反不正当竞争法》进行双重评价与双重保护。《反不正当竞争法》的立足点在于对不正当竞争行为的规制,不同于《著作权法》对于私权的保护。网络游戏的市场竞争发展仍需考虑其行为的目的、手段及结果等因素,并综合运用"诚实信用"原则、"利益平衡"原则进行综合判断。

4.1 《反不正当竞争法》在涉游戏模拟器案中的作用

游戏规则属于思想范畴,不受《著作权法》保护,所以游戏中不具有独创性的部分在不能受《著作权法》保护的同时,也不能通过《反不正当竞争法》予以保护。《反不正当竞争法》保护的是商业模式所带来的商业利益或竞争优势,对游戏功能本身不予以直接保护。如果游戏经营者有证据证明其游戏形成了特有的商业模式或者在该领域形成了竞争优势,则仍可以受《反不正当竞争法》的保护。

本案中,千陌公司研发的游戏模拟器通过伤害计算规则、治疗计算规则、目标选择规则等统一战斗规则,得出最终战斗结果,可以帮助用户在"率土之滨"游戏中选择胜率较大的武将和战法组合,减少用户在"率土之滨"游戏中反复尝试的时间,因此"率土模拟器"构成对"率土之滨"的不正当竞争。网易雷火公司主张千陌公司违反不正当竞争行为的理由大致分为三个方面:一是游戏玩家可以在"率土模拟器"的模拟平台中,在短时间内测试多种武将和战法的组合,从而提高在原游戏中的胜率,缩短在原游戏中磨合的时间;二是玩家通过在游戏模拟器中的多次尝试,可以更快获得取胜的方法,减少在原游戏中购买游戏道具的可能;三是游戏模拟器的模拟平台在一定程度上帮助了游戏玩家"作弊",从而破坏了其他玩家的游戏体验感,降低了原游戏的吸引力。"率土之滨"的对战模块是该游戏的核心玩法之一,但网易雷火公司提交的证据尚无法证明该游戏板块已形成独特的商业模式。因此,在《反不正当竞争法》并不保护某一具体的商业模式的情形下,网易雷火公司对"率土之滨"游戏中的对战功能板块并不享有《反不正当竞争法》所保护的权益或利益,不宜纳入《反不正当竞争法》的保护范畴。所以,网易雷火公司主张游戏中的功能板块应受《反不正当竞争法》保护明显缺乏法律依据,法院不予支持。

4.2　游戏模拟器市场化的正当性判断

不正当竞争行为,是指在商业竞争中不正当地利用他人已经取得的市场成果并为自己谋取商业机会、获取竞争优势的行为。我国《反不正当竞争法》第二条规定了市场主体在竞争中应遵循的基本原则,以及构成不正当竞争应当满足的条件。[①] 同时从国际公约及其他国家立法中可以看出,各国在界定不正当竞争行为时,都会从行为本身的违法性来确定是否构成不正当竞争行为。[②] 可以看出,该案是法院通过判断千陌公司研发模拟器的行为是否具有违法性来确定其行为是否构成反不正当行为。

"率土游戏模拟器"是千陌公司模仿"率土之滨"游戏中的人物设计、动画场景,以此来吸引游戏玩家在该平台上进行练习的游戏模拟器。该案中,现有证据并不能直接证明游戏模拟器抢占了原游戏的市场份额、破坏了原游戏的市场利益。虽然千陌公司通计算机程序反复尝试并分析结果获取到武将和武将战法背后的数值,但由于游戏中判定胜负的规则是公开的,也没有实际证据证明千陌公司通过不正当手段获取了网易雷火公司"率土之滨"游戏的计算机程序。因此,

---

[①] 《中华人民共和国反不正当竞争法》第二条:经营者在生产经营活动中,应当遵循自愿、平等、公平、诚信的原则,遵守法律和商业道德。本法所称的不正当竞争行为,是指经营者在生产经营活动中,违反本法规定,扰乱市场竞争秩序,损害其他经营者或者消费者的合法权益的行为。

[②] 苏冬冬. 反不正当竞争法中的竞争关系 [J]. 浙江树人大学学报(人文社会科学),2016,16(05):101-105.

网易雷火公司因证据不足未能证明自己遭受不正当竞争行为的损害。

游戏模拟器是为玩家提供了一个与原游戏相似的模拟平台,从而使玩家在原游戏中获得更好的游戏体验。而在市场竞争过程中,游戏模拟器是否会通过模拟原游戏的游戏设计这一行为增加自己的在网络游戏市场中的竞争优势,抢占他人的市场份额、吸引客户,对他人利益造成损害从而达到"损人利己"的目的,在司法实践中也难以取证或举证证明。由于游戏玩家是自愿选择平台进行游戏,游戏模拟器的发行者也并未通过虚假宣传的方式来吸引玩家,因此也没有违反诚实信用原则。

游戏模拟器越来越受到网络游戏爱好者的欢迎,游戏模拟器也在不断市场化,开始在市场竞争中占据重要地位,如何证明游戏模拟器是否具有《反不正当竞争法》中的不正当性,不能只从主观因素上考量,还要充分考虑各种因素,相对客观地审查该行为是否扰乱了公平竞争的市场秩序,从而有效判断该行为是否为反不正当竞争行为。

5 结语

在网络游戏行业迅速发展的今天,要采取开放、包容的态度,合理适用法律中的"一般条款",避免阻碍市场竞争行为。如果一个行为能够通过特别法做出穷尽性保护,则不宜再适用法律的一般规定予以规制。①

游戏模拟器并非直接告诉玩家攻略,而是一种低成本的试错平台,玩家将自己搭配的战斗模式在平台上试错比对,推算出对自己较为有利的模式。但是由于游戏模拟器的特殊性,其一方面要注重还原原游戏的人物设定、场景设置、游戏规则,从而满足用户的游戏体验感;另一方面还要明确《著作权法》中如何划分"适当引用他人的作品"的边界,避免侵权。所以游戏模拟器的出现极易模糊侵权边界,在实践中造成灰色地带,不易保护双方知识产权。

因此,若游戏模拟器的开发设计能有效避免作品侵权,完善源代码外的其他视听要素的设计,或以与原游戏开发商或运营者签订授权许可的方式进行合作,不仅能够尊重保护游戏整体性的知识产权,保护游戏研发者的合法权益,还能为玩家提供便利与更好的游戏体验感,在游戏市场竞争中获得相关地位。

---

① 何培育,李源信."换皮游戏"司法规制的困境及对策探析 [J]. 电子知识产权,2020(09):17-28.

"共享"视频播放器的版权侵权行为与不正当竞争行为分析

——"蔓蔓看 App"案

内容提要：因认为"蔓蔓看"App 在其客户端以"共享会员"的模式为用户提供优酷平台上的内容并进行在线有偿播放的行为,侵犯了优酷信息技术(北京)有限公司(以下简称优酷公司)影视作品的信息网络传播权并构成不正当竞争,原告优酷公司将该 App 经营者北京蔓蓝科技有限公司(以下简称蔓蓝公司)诉至北京互联网法院,要求被告停止侵权并赔偿经济损失和合理开支共计 200万元。2019 年 8 月 28 日,北京互联网法院对此案做出一审判决,认定被告蔓蓝公司赔偿优酷公司经济损失和合理支出共计 200 万元。一审法庭确认该案争议焦点有三:一、被告在其经营的 App 上提供涉案影片播放的行为是否侵害原告信息网络传播权;二、被告通过购买原告会员向公众提供原告享有权利视频的所谓"共享经济"模式是否构成不正当竞争;三、被告是否应承担侵权责任。最终,受诉法院——北京互联网法院一审判决蔓蓝公司赔偿优酷公司经济损失和合理支出 200 万元;驳回优酷公司其他诉讼请求。

1 "蔓蔓看"App"共享"优酷会员属于规避技术措施的违法行为

原告在诉讼中提出如下事实与理由:2018 年 6 月,优酷公司发现蔓蓝公司在其经营的"蔓蔓看"App 上,未经原告许可,提供涉案影视作品——《战狼2》的在线有偿播放。付费方式分别为:单片付费 1 元(可无限次观看本影片 3 天)、"PLUS 蔓会员"月度卡 19 元、"PLUS 蔓会员"季度卡 49 元、"PLUS 蔓会员"年度卡 179 元。被告辩称,蔓蓝公司开发的"蔓蔓看"App 是一款共享会员的搜索工具产品,为用户提供搜索服务。视频内容的播放页面均是原平台的播放页面,广告、播放次数、点评也都属于原平台,蔓蓝公司依据原平台的规范和会员协议使用,不存在内容侵权。从原被告所述事实来看,被告蔓蓝公司开发的"蔓蔓看"App 通过购买原告优酷网站的会员,采取规避原告为控制其影视作品网络传播所采取的技术措施手段,实现所谓的会员"共享",从而使网络用户不用直接登录优酷网站,就可以通过"蔓蔓看"App 的深度链接观看影片。

1.1 著作权意义上的技术措施的产生背景

在数字时代,权利人的利益受到了前所未有的威胁。通过计算机和网络,任何人都可以对数字化作品进行低成本、高质量和无限次的复制,并将其传送给其他用户,或上传至网络供公众自由下载。对于消费者而言,如果可以以极低的价格购买,甚至免费从网上下载"原汁原味"的盗版复制件,就没有必要再向权利人付费购买其作品了,而权利人则难以通过传统手段对数字化作品的复制和传播进行有效控制。虽然各国《著作权法》都赋予了权利人以专有权利,如复制权、发行权和信息网络传播权等,并规定了各种法律救济手段,但这种方法在网络时代已经很难起到保护作用了。其原因在于,法律救济只是一种事后救济,即只有在发现侵权行为、出现损害后果之后,法律才能进行干预。而数字化作品一旦被非法复制、置于网上进行传播,在短期内就可以形成成千上万份复制件被人们所使用,到时一切法律救济手段都已无济于事。而且侵权者往往是众多缺乏经济赔偿能力的个人用户,寻找这些侵权用户并追究其法律责任并不现实。因此在网络时代,仅仅依靠传统的保护方法已很难充分保护权利人的利益了。

在这种情况下,许多权利人开始在数字化作品中和网络上使用各种技术性手段保护自己的利益,这些技术性手段被称为"技术措施"或"技术保护措施"。技术措施是一种"防患于未然"的事前预防措施,它从根本上切断了未经许可使用作品,以及非法复制、传播和利用作品的途径,比事后救济的传统法律保护方法更为有效。然而,从技术措施诞生之时起,各种破解、避开技术措施或以其他方式使技术措施失效的行为就相伴而生,这些行为被统称为"规避"行为。[①] 例如,一些人为了牟取暴利,破解软件中的加密措施,导致盗版软件大量滋生;另一些人则专门破解网络作品数据库的口令,使未付使用费的人也能免费浏览和下载作品。更为严重的是,还有人出于展示自己"才智"的动机,设计、制造并向社

---

① 王迁. 著作权法 [M]. 中国人民大学出版社,2015:441.

会提供专门用于破解技术措施的软硬件工具。

显然,要在数字时代对权利人提供有效保护,除了依靠传统立法规定的救济渠道之外,还有必要对技术措施这一作品的"技术保护层"进行保护。从向公众提供作品的模式来看,以纸质书、CD 音乐和 DVD 电影为代表的"有形载体"发行模式正在向以"中国期刊网""优酷高清影院"为代表的数字化在线传播模式转变,包括"云计算"模式转变,影响这一进程的重要因素就是权利人用于保护其数字化作品的技术措施能够得到有效的保护。因为只有保证权利人在数字化作品中使用的序列号、密码、口令等技术措施能够正常运行,才能确保权利人从数字化作品的在线提供中获得合理报酬,并防止数字化作品被任意复制和传播。没有技术措施的应用和对技术措施的法律保护,权利人就失去了在线提供数字化作品的动力。

1.2 优酷会员的性质属于保护作品传播的技术措施

信息网络传播权不仅表现为权利人控制作品的网络传播这一抽象性权利,更表现为对作品网络传播的范围、方式、期间等的具体控制,以独占、排他、普通许可等授权方式来实现权利。就影视作品信息网络传播权的商业流转实务而言,独家信息网络传播权人往往需要支付巨额授权费用以获得著作权人的独家许可,再开展版权运营,而运营收入除自己获得的流量及广告收益外,还可以通过分销、转授权等方式获得各网站的授权许可费,化整为零地收回前期获取独家授权的成本。为实现网站收益,优酷公司通过优酷会员及付费后观看的方式实现收益,就属于著作权人为保护其利益实施的技术措施。

所谓技术措施,是指著作权人实施的能够阻止或限制他人,未经著作权人许可对著作权法保护客体实施特定行为,从而实现著作权人利益的专门技术性手段。《著作权法》意义上的技术措施,必须用于作品、表演和录音制品等《著作权法》规定的受保护客体,其功能在于阻止或限制他人未经著作权人同意实施特定行为。《信息网络传播权保护条例》第 26 条规定:"技术措施,是指用于防止、限制未经权利人许可浏览、欣赏作品、表演、录音录像制品的或者通过信息网络向公众提供作品、表演、录音录像制品的有效技术、装置或者部件。"为确保技术措施实现其权利保障的功能,《信息网络传播权保护条例》第 4 条规定:"为了保护信息网络传播权,权利人可以采取技术措施。任何组织或者个人不得故意避开或者破坏技术措施……"

法律同时界定了两类技术措施。其中,"用于防止、限制未经权利人许可浏览、欣赏作品、表演、录音录像制品的……有效技术、装置或者部件"属于"接触控制措施"。"用于防止、限制未经权利人许可……通过信息网络向公众提供作品、表演、录音录像制品的有效技术、装置或者部件"属于"版权保护措施"（在《信息网络传播权保护条例》中专门用于保护信息网络传播权）。二者在性质上有所不同："接触控制措施"并不用于防止他人未经许可实施受专有权利控制的行为，也即并不具有阻止著作权侵权行为的功能，只有"版权控制措施"才能阻止他人实施对著作权的侵权行为。优酷会员及付费观看的技术措施就属于"接触控制措施"，是其收回成本并获益的盈利模式之一。

《著作权法》第48条第（六）项规定，除法律、行政法规另有规定之外，"未经著作权人或者与著作权有关的权利人许可，故意避开或者破坏权利人为其作品、录音录像制品等采取的保护著作权或者与著作权有关的权利的技术措施"的行为，需要承担相应民事责任。《信息网络传播权保护条例》第18条规定，"违反本条例规定，有下列侵权行为之一的，根据情况承担停止侵害、消除影响、赔礼道歉、赔偿损失等民事责任……（二）故意避开或者破坏技术措施的……"《著作权法》规定著作权人享有的专有权中没有包括采取技术措施的权利，因此，采取技术措施不是权利人的专有权，但是上述法律法规将故意避开或者破坏技术措施的行为规定为侵权行为，据此，破坏或避开技术措施的行为属于《著作权法》及《信息网络传播权保护条例》所禁止的违法行为。但是，侵害信息网络传播权与破坏或者避开技术措施的行为是两类不同性质的侵权行为，不能混为一谈。

目前情况下，因视频内容的著作权许可价格较高，故著作权人在发放许可时，会对传播渠道进行较为严格的控制，为达到这一目的，其通常会要求被许可网站在提供视频内容时采取相应技术措施，以最大限度维持其经营利益。而即便仅仅从视频网站角度出发，基于服务器、带宽成本及广告收入等角度考虑，视频网站亦通常会设置相应的技术措施，以避免他人设置指向其网站的深层链接。在此情况下，深层链接提供者如欲获得被链接网站的内容，除了与被链网站达成协议、获得许可外，通常需要采取破坏或避开技术措施的行为。因破坏或避开技术措施的行为是设置深层链接的前提，对于该行为的禁止也能客观上达到禁止深层链接行为的后果。因此，适用有关技术措施的相关规定禁止深层链接行为也是有效救济途径之一，并且被侵权一方同样可获得相应赔偿。在该案中，被告明确认可其在设置链接时，存在破坏原告网站技术措施的行为，因此，原告通过适用有关技术措施的相关规定，便可在禁止上述行为的同时使得深层链接行为得以禁止，同时也可得到相应的赔偿。

2 "蔓蔓看" App 规避技术措施的违法行为构成不正当竞争

《反不正当竞争法》第二条规定:"经营者在市场交易中,应当遵循自愿、平等、公平、诚实信用的原则,遵守公认的商业道德。本法所称的不正当竞争,是指经营者违反本法规定,损害其他经营者的合法权益,扰乱社会经济秩序的行为。"法院对《反不正当竞争法》第二条的适用通常会采取十分慎重的态度,以防止因不适当扩大不正当竞争行为的范围而妨碍自由、公平竞争。[①]原则上,只有在该行为违反公认的商业道德时,才有必要认定其为不正当竞争行为。但互联网领域的竞争与传统环境下的商业竞争有所不同,其处在高速发展之中,新的商业模式或经营方式层出不穷,相对于不断出现又快速变化的商业模式或经营方式,公认的商业道德的形成和发展需要一定的时间,因此,经常出现某些在行业内尚未形成普遍认识的较难定性的竞争行为,且该类行为更易发生纠纷。当纠纷诉至法院时,法院不可能仅仅因尚无公认的商业道德便认定该行为具有正当性,完全将其留待市场解决,而只能尽可能寻求相对合理的方法对其正当性进行判断。鉴于此,针对互联网领域中一些明显违背诚实信用原则的行为,法院仍会适用该条款进行调整。

针对深层链接行为,尤其是对视频内容的深层链接行为而言,深层链接提供者不仅无须为其视频内容支付带宽及服务器成本,服务还会占用被链接网站的带宽。此外,深层链接提供者在很多情况下都会在自己的链接页面中提供相应的广告服务,却同时屏蔽被链接网站的广告。上述情形都可能对被链接网站经营利益造成损害,同时使深层链接提供者获得不当利益,因此,其很可能属于违反诚实信用原则的行为。正因如此,一些案件中,原告针对深层链接行为所选择的不正当竞争这一诉求已获法院支持。如在"电视粉"一案中,被告提供歌华有线电视平台上的"电视粉"客户端软件,并通过该软件向用户提供 CCTV 1、CCTV 5、CCTV 22 等电视频道节目的深层链接服务,该案涉案内容为伦敦奥运会相关电视节目。针对该行为,法院认定,被告在歌华有线电视平台上提供链接,并同时进行广告宣传,分流了原告的目标群体,减少了点击量,对原告造成损害,

---

① 余晖.《反不正当竞争法》第二条适用的考量因素 [J]. 竞争政策研究,2016(04):12-17.

具有不正当性,属于《反不正当竞争法》第二条所禁止的行为。[1]

当然,深层链接行为包括多种表现形式,被诉行为是否具有不正当性仍需要结合个案情形区别认定。此外需要注意的是,适用《反不正当竞争法》对深层链接行为进行调整时,其考虑因素在于经营主体的经营利益,而非著作权法赋予著作权人的法定利益,因此,对此类纠纷有权提起诉讼的主体应是从事经营活动的被链接网站。很多仅采用分销授权模式进行经营,但并未自己经营网站的著作权人,其是否可依据《反不正当竞争法》获得救济尚需探讨。

蔓蓝公司在其经营的"蔓蔓看"App 上,未经原告许可提供涉案影视作品的在线有偿播放。同时蔓蓝公司采取"盗链"方式抓取优酷公司服务器上的涉案内容,直接在自身网站上向用户提供,并通过技术手段去除视频广告,直接播放视频内容,降低了优酷公司的广告曝光率。优酷公司认为蔓蓝公司在线有偿播放涉案影视作品,应当依法取得优酷公司的授权许可,向优酷公司支付报酬。蔓蓝公司未经许可使用涉案作品,通过规避技术措施侵害了优酷公司获取版权收益的商业利益,不正当地获取了因发布和传播优酷公司优质影视资源所带来的网络用户关注度、流量、广告收益和平台传播力。同时,蔓蓝公司与优酷公司均系为网络用户提供视频内容的服务平台,但蔓蓝公司无须支付版权费用、带宽成本,并使部分不愿意观看片前广告又不愿意支付会员费的网络用户转而使用"蔓蔓看"App,两公司存在竞争关系。蔓蓝公司应当知道实施去除广告的技术措施会出现自己得利、他人受损的后果,却仍实施了该技术,具有主观故意,违背了诚实信用原则和公认的商业道德。侵害了优酷公司的合法经营活动,其行为不具有正当性,构成不正当竞争。

3　结语

目前,影视作品的著作权许可费呈现急速增长的态势,尤其对于热播影视作品来说,其许可费动辄上百万甚至几百万一集。这一高额费用使得信息网络传播权人不得不通过各种方式回收成本,其中最为有效的方式便在于确保其对于传播范围的有效控制。就目前影视作品的授权模式来看,通常是专有信息网络传播权人从原始著作权人处获得专有授权许可,然后将其权利内容按照不同标准

---

[1]　北京知识产权法院民事判决书(2016)京 73 民终 143 号。

进行切割(如依据使用终端、地域、时间等),再通过非专有方式将上述各部分权利内容进行分销。在此情况下,确保各非专有被许可人所传播内容的范围限于授权范围内,显然是专有信息网络传播权人力求其利益最大化的必要前提。为达到这一目的,专有信息网络传播权人通常都会在合同中要求被授权网站采用技术措施以防止链接行为的产生,以避免其所划分的授权范围受到破坏。

但对传播范围控制权的破坏,既可能来自于被许可人,更有可能来源于深层链接者,尤其是以深层链接为主要手段的视频聚合平台服务提供者。如果该破坏来自被许可人(即被许可人未将其传播范围限于合同限定范围内),专有信息网络传播权人尚可以依据《合同法》追究被许可人的违约责任从而得到救济。但如果来源于深层链接提供者,虽然权利人可以通过共同侵权规则、《反不正当竞争法》第二条,以及破坏或避开技术措施等依据获得救济,但上述规则在适用条件上的限制可能会使得专有权人认为其救济效果难以达到预期。例如,共同侵权规则的适用需要以存在直接侵权行为为前提,如果深层链接行为的被链接网站是获得合法授权的网站,则著作权人将无法通过共同侵权规则对深层链接行为予以制止。再如,《反不正当竞争法》第二条的适用,强调的是对网站经营利益的损害,因此,很可能只有被链接网站才可以作为原告起诉,被链接网站之外的其他著作权人是否可能通过《反不正当竞争法》得到救济尚无定论。至于破坏或避开技术措施保护规则的适用,则因技术措施通常是被链接网站所设置,因此,与《反不正当竞争法》的救济方式所存在的问题相同,即被链接网站之外的其他著作权人是否可以获得保护仍有待探讨。此外,著作权人亦通常认为,破坏技术措施行为的举证较之于侵犯著作权的行为,其难度更高,因此,权利人相对而言不愿采用这一救济方式。由此,虽然对深层链接行为的规制存在多种渠道,但专有信息网络传播权人,尤其是并不从事网站经营而仅采取发放许可这一经营模式的专有权人,却可能认为上述方式均难以有效保护其利益。

权利人的利益诉求是否可以维护、对权利人与链接服务提供者之间的权利义务关系如何调整,均必须以现行法律规定为依据。法院审理案件,必须在现有法律框架下适用法律,不能因某一方的利益诉求而改变现有法律规则。如果法律规定确存在漏洞,或者现有法律不能适应和满足社会经济发展的需要,对于法律规定进行修改的权力亦在立法机关,而非法院。法院有权解释法律,但在运用法律解释的时候,应当有它的边界,应当受制于立法者的意图,并限于法律规定允许的空间范围内,而不能违反法律的明确规定。

保护著作权人的利益是著作权法的重要制度价值之一,但利益平衡同样是著作权法所追求的制度价值之一。[①] 网络环境下的利益平衡,要求平衡权利人、网络服务提供者和社会公众三者之间的利益关系。《著作权法》《信息网络传播权保护条例》在制度设置上充分体现了这种平衡。《最高人民法院关于审理信息网络传播权民事纠纷案件适用法律若干问题的规定》的引言中亦明确指出:"依法保护信息网络传播权,促进信息网络产业健康发展,维护公众利益。"其第一条开宗明义地规定:"人民法院审理侵害信息网络传播权民事纠纷案件,在依法行使裁量权时,应当兼顾权利人、网络服务提供者和社会公众的利益。"可见,法院审理侵害信息网络传播权民事纠纷案件,一方面要加强对著作权的保护,但另一方面,亦不能不适当地限制互联网产业的创新和发展,同时要使社会公众享受公共信息资源的充分自由。

综上,《著作权法》对于著作权人利益的保护虽然是其重要的立法目的,但各类网络技术、设备对于用户在向公众开放的网络进行浏览、下载或者上传信息等行为的规范上发挥着重要的作用。因此,一方面要强调严格保护权力人的合法权利和利益、严厉制裁侵权行为,另一方面也应充分注意技术、设备服务在信息网络传播中的地位和作用,充分关注现有法律中有关网络服务提供者的责任标准及其对网络服务提供者的责任加以适当限制的立法意图,从而更好地平衡各方利益。

---

① 冯晓青. 知识产权法利益平衡理论 [M]. 北京:中国政法大学出版社,2006:408.

视频聚合平台的版权侵权分析

——《七妹》案

内容提要：本文通过典型案例引出"视频聚合平台"已经涉及信息网络传播权侵权问题，并选取实践中的争议案例继续分析，通过争议案例，发现目前司法实践在审理信息网络传播权侵权时所面临的困境，即对《最高人民法院关于审理侵害信息网络传播权民事纠纷案件适用法律若干问题的规定》第三条提到的如何判断视频聚合平台构成"提供行为"分歧较大。本文针对目前实践中争议较大的几种标准进行了分析，并考虑著作财产权的性质、市场竞争的公平公正原则，最终选择出最适合我国的标准，即实质呈现标准。

1 经典案例解析

1.1 案件概要

本文首先以广州市君临文化传播有限公司（以下简称君临公司）诉上海千杉网络技术发展有限公司（以下简称千杉公司）案[①]为例。2010 年 8 月 10 日，广东省广播电影电视局出具了《国产电视剧发行许可证》，表明电视剧《七妹》（下文称涉案作品）的信息网络传播权独家归属东莞满堂彩影视投资有限公司。2011 年 11 月 4 日，东莞满堂彩影视投资有限公司将涉案作品的信息网络传播权专属授权给君临公司，授权范围包括：① 信息网络传播权；② 制止侵权的权利；③ 转授权的权利。本案诉讼之前，君临公司发现未经自己授权的电视猫 App 可以播放涉案作品，其中电视猫 App 的开发者与运营者均为千杉公司。电视猫 App 是

---

① 上海知识产权法院（2017）沪 73 民终 165 号判决书。

视频聚合平台,为平台用户提供搜索各视频网站视频内容的服务,并为用户提供点播、高清直播上述视频的服务,当电视猫 App 获得需要播放来自第三方平台的视频时,其将会通过爬虫技术获取第三方网页信息,电视猫 App 本身不会储存视频信息,而是通过解析第三方网页中获取的视频编号信息,结合其通过其他途径获取的第三方客户端端口类型和该端口相应的密钥,生成能够通过第三方服务器验证的有效视频正片地址后,调用播放器进行播放。当在电视猫 App 中搜索涉案视频时,播放涉案视频缓冲过程中会显示"涉案视频【集数】,优酷视频",以证明视频来源为优酷视频。

君临公司认为,其拥有涉案作品的独家信息网络传播权,千杉公司未经许可便在其所有并运营的电视猫 App 中擅自播放涉案作品的行为侵犯了君临公司的信息网络传播权,应承担停止侵权、赔偿损失的民事责任。千杉公司认为,千杉公司并没有直接提供涉案作品,而是提供涉案作品的链接,被链接网站已经获得授权,因此不应认为千杉公司侵权。

1.2 判决要旨

本案争议焦点在于千杉公司的行为是否构成对信息网络传播权的侵权。我国《著作权法》规定,信息网络传播权是以有线或者无线方式向公众提供作品,使公众可以在其个人选定的时间和地点获得作品的权利。[①] 网络用户、网络服务提供者未经许可,通过信息网络提供权利人享有信息网络传播权的作品,构成侵害信息网络传播权。通过上传到网络服务器、设置共享文件或者利用文件分享软件等方式,将作品置于信息网络中,使公众能够在个人选定的时间和地点以下载、浏览或者其他方式获得的,应当认定实施提供行为。[②] 因此,构成信息网络传播权侵权需具备以下条件:① 未经权利人许可;② 被诉人将作品上传到信息网

---

① 《中华人民共和国著作权法》第十一条第一款第(十二)项:信息网络传播权,即以有线或者无线方式向公众提供作品,使公众可以在其个人选定的时间和地点获得作品的权利。

② 《最高人民法院关于审理侵害信息网络传播权民事纠纷案件适用法律若干问题的规定》第三条:网络用户、网络服务提供者未经许可,通过信息网络提供权利人享有信息网络传播权的作品、表演、录音录像制品,除法律、行政法规另有规定外,人民法院应当认定其构成侵害信息网络传播权行为。

通过上传到网络服务器、设置共享文件或者利用文件分享软件等方式,将作品、表演、录音录像制品置于信息网络中,使公众能够在个人选定的时间和地点以下载、浏览或者其他方式获得的,人民法院应当认定其实施了前款规定的提供行为。

络中；③ 公众能够在个人选定的时间和地点获得该作品。其中构成要件第二项"被诉人将作品上传于信息网络之中"即"提供行为"，是本案判断千杉公司是否侵权的重要依据。一审法院认为，千杉公司并未直接提供涉案作品，而仅仅提供链接服务，不存在《最高人民法院关于审理侵害信息网络传播权民事纠纷案件适用法律若干问题的规定》第三条规定的"上传到网络服务器"，未上传到网络服务器，等于未将作品置于网络中，亦未提供作品，便不涉及直接侵权责任问题。二审法院与一审法院持有相同观点，即千杉公司仅提供链接服务，视频来源依旧是已经获得授权的搜狐视频，视频并未储存在电视猫 App 上。千杉公司未将作品置于信息网络中，故不构成对上诉人信息网络传播权的直接侵犯。由于搜狐公司系合法授权的网站，故千杉公司的设链行为也不构成帮助侵权。

类似案件还有"乐视网（天津）信息技术有限公司诉北京联想调频公司案"[①]，联想公司自带的视频 App 未经授权，播放乐视公司拥有信息网络传播权的作品，实则为联想公司爬虫搜狐视频的链接，而搜狐视频已经获得联想公司的授权。该案法官的判决理由与前案的判决理由基本一致，认为联想公司的行为不构成"提供作品"，遂不构成直接侵权，也不构成帮助侵权。

部分法官在上述情况下会做出被告未侵犯信息网络传播权的判决，但是某些法官会有不同的见解。在优酷公司诉千杉公司一案中[②]，涉案软件依旧是电视猫 App，使用电视猫 App 播放优酷公司拥有信息网络传播权的涉案视频时，加载时显示优酷视频的 logo，但是一二审法官并没有采纳该证据，认为即使显示优酷 logo，也不能认为视频来源于优酷网；即使有已经确定的判决认定电视猫 App 为设链搜索视频的 App，依旧因为版本不同而不采纳。法院认为，千杉公司主张涉案作品链接自第三方网站，其仅提供了单纯的搜索和链接服务，应由其继续举证证明，否则应承担举证不能的不利后果。

1.3　小结

优酷公司诉千杉公司案与君临公司诉千杉案公司不同的是，案中播放涉案作品时显示的"搜狐"字样被采信为可以证明视频来源于搜狐网，同样的涉案软件和几乎相同的案件事实在不同法官的判决中却是不同的判决结果，但是从法官的判决理由可以看出，即使有结果不同的判决，也只是因为证据的证明力不

---

① 北京知识产权法院(2018)京 73 民终 635 号判决书。

② 江苏省高级人民法院(2018)苏民终 1090 号判决书。

同,在适用相同的法律之下,仅仅设立链接不构成"提供行为",接入已获授权的视频网站不会构成信息网络传播权的侵权。

2 信息网络传播行为的认定标准

2.1 信息网络传播行为认定相关案例简析

前述经典案例是在信息网络传播权侵权司法实践中的常见情形。一般来说,具备侵权构成要件便构成侵权,但是在司法实践中,关于视频聚合软件的侵权认定还常常面临信息网络传播行为认定标准如何确定的问题。对于法律规定的"提供行为",不同的法官可能会有不同的理解,而不同的理解会造成不同的判决结果。法律作为定纷止争的工具,每一项判决都是对权利的分配,因此,明确作品信息网络传播权的"提供行为"到底为何显得尤为重要。

在深圳市腾讯计算机系统有限公司诉北京易联伟达科技有限公司侵害作品信息网络传播权一案中,两级法院对"提供行为"进行了不同的解读,得出了不同的判决结果。该案中,腾讯公司获取了涉案作品的信息网络传播权,易联伟达公司设置可绕开禁链设置的网页搜索爬虫,抓取相关视频资源后设链,进行自动匹配,获取来源于各影视网站的视频并在自己拥有和运营的快看影视 App 上播放涉案作品。在该案中,一审法官认为快看影视 App 播放涉案视频时,显示来源于乐视网,而非直接将涉案视频存于快看影视 App 的服务器上,而乐视网对涉案影视的播放是已获授权的,易联伟达公司的设链行为并不构成侵权。①

一审法院认为,尽管设链行为不构成侵权,但是这种独家网络传播权分销授权的商业运作逻辑,涉及整个互联网视频行业正常发展的权利基础和竞争秩序的维护问题,应成为法院判断影视视频聚合平台的相关行为是否构成侵犯著作权时,进行法律逻辑推演的重要考量因素和分析论证前提。由于易联伟达公司对涉案视频进行了编排,"在技术飞速发展的背景下,不能将'提供行为'仅限于'上传到网络服务器'一种行为方式,还必须合理认定技术发展所带来的其他'向公众提供作品'的行为方式,科学界定视频聚合平台提供服务的性质。"对于信息网络传播行为的认定问题,法官将争议继续放在了"盗取链接"与"经济损失"上,认为易联伟达对视频进行编排和播放涉案作品对既定的商业模式产生了冲击并损害了腾讯公司的经济利益,易联伟达公司替代腾讯提供了涉案作品,具

---

① 北京知识产权法院(2016)京 73 民终 143 号判决书。

备"提供行为",也替代腾讯公司获得了经济利益,最终认定易联伟达侵犯了腾讯的信息网络传播权。

二审法院认为,信息网络传播行为是对作品的传输行为,该传输行为使用户获得作品,且对作品的传输行为应局限于初始提供作品这一行为,即上传到服务器的行为,因此只有具有提供作品的行为,才可能构成侵权。《最高人民法院关于审理侵害信息网络传播权民事纠纷案件适用法律若干问题的规定》第三条规定,其中"置于"信息网络中的行为即为初始提供行为,提供行为指向的是每一个独立的网络传播过程中的初始提供行为,而非将作品第一次置于网络中的行为。本案中的设链行为,无论是何种形式的链接,都不涉及涉案作品之间的传输,而仅是提供网址,用户是否能够获得涉案视频皆取决于被链网站,被链网站删除涉案作品后,网络用户不会再获得涉案作品。反之,如果链接断开,只要被链网站实施了初始上传行为,未删除作品,那么该作品依然是处于公开状态,用户依然可以获取作品,因此任何链接行为本身都不能使用户获得作品,无法与初始提供行为一样,不满足信息网络传播权定义中的"获得作品"的要求,那么设链行为也不会构成信息网络传播权的侵权。

2.2 信息网络传播行为侵权认定标准分歧

认定是否是信息网络传播行为的关键在于认定是否符合法律规定中对于信息网络传播规制的适用,主要是根据《最高人民法院关于审理侵害信息网络传播权民事纠纷案件适用法律若干问题的规定》第三条来判断被诉侵权人是否对作品有"提供行为"。立法之初,通过互联网提供作品仅通过普通链接的形式,如我们常见的"hao123网址导航",设置导航链接供其他网络用户直接到达链接处。彼时链接的提供者和真正内容的提供者的区分界限清晰,随着网络形式的发展,多种形式的提供行为开始显现,提供链接者与提供内容者的界限开始模糊,在判断设置链接是否构成提供行为时变得困难,学术界以及司法实践中对于提供行为的判断至今没有形成统一标准。除了具备提供行为之外,有学者认为判断是否构成信息网络传播行为,还应包括交互式获取作品的可能性 [1],互联网环境中,仅将作品上传至已向公众开放的服务器,就犹如一滴水进入浩瀚的大海中,网络用

---

① 何炼红. 关于作品深度链接行为法律性质的再思考 [J]. 甘肃政法学院学报, 2019 (06): 21-37.

户是无法获得作品的,因此仅仅有提供行为并不意味着作品会继续传播[1],在实践中究竟有多少人通过"分享"行为最终获得资源是难以统计的,故信息网络传播权控制的是"使公众获得作品的可能性"这一行为,而并不要求达到"公众一定获得了作品"这一结果。[2] 交互式获取作品的可能性即上文提到的侵权构成要件的第三项:公众能够在个人选定的时间和地点获得该作品。但是因为有向开放网络提供作品的行为便直接拥有了交互式获取作品的可能性,作品被上传到一个开放的平台,所有网络用户都有在特定的时间、地点获取作品的可能性,因此在对是否构成著作权信息网络传播行为判断时,仅仅需要判断是否具有提供行为即可。对于信息网络传播行为中"提供行为"的认定标准,目前有四种争议较大的标准,分别为用户感知标准、服务器标准、实质性替代标准和实质呈现标准。

用户感知标准,顾名思义,是以网络用户的感知为标准判断视频提供者。在视频聚合 App 案中,用户认为是视频聚合平台而非被链网站为其提供了视频观看和下载的服务,依照此标准便得出视频聚合平台具有视频"提供行为"的结论。在搜狗公司诉捷成华视网聚公司案[3]中,一审法官便采用了此观点,涉案视频在视频聚合平台播放,且没有跳转,也不存在第三方域名,便当然认为是视频聚合平台存在提供行为,认为其构成侵权,此判决结果随后被二审法院驳回,认为视频聚合平台并不存在提供行为。可见,在司法实践中,用户感知标准主观色彩较为浓厚,在网络技术发展的时代,表象纷繁,眼见不一定为实,司法实践中应该透过现象看本质来判断真正的作品提供者,用户标准由于太过主观,已很少使用。

服务器标准是目前的主流标准,指的是将未获得授权的作品上传至公开的网络服务器,其他网络用户可以在自己选定的时间和地点下载,满足这一要求便构成信息网络传播权的直接侵权。值得说明的是,在服务器标准下,仅仅设置链接不构成侵权,只有视频内容被上传至服务器才会构成直接侵权,腾讯诉易联伟达案的二审便采用了这一标准。视频聚合 App 中,常见的设置深度链接的行为,由于只是设置了链接而不满足储存在服务器这一条件,便常常被认为不构成"提供作品"这一条件而不构成侵权。

腾讯公司诉易联伟达案的一审法官便采用了实质性替代标准,视频聚合平

---

① 杨勇. 从控制角度看信息网络传播权定义的是与非 [J]. 知识产权, 2017 (02): 3-21.

② 王迁. 论云存储服务侵权认定中的"公开" [J]. 中国版权, 2016 (05): 9-12.

③ 北京知识产权法院 (2019) 京 73 民终 1033 号判决书。

台提供和被链网站相同的视频内容甚至没有广告,这对被链网站产生了负面影响,降低了网络用户去被链网站观看视频的可能性,被链网站经济利益减损,视频聚合平台的行为构成了对被链网站的实质性替代,破坏了既有的商业模式,侵犯了被链网站权利人的信息网络传播权。但是这种判决理由存在严重的问题,尽管视频聚合网站所做的一切都是为了追求更多的利益,但是在认定侵权的过程中,应以是否构成侵权要件为基础,严格区分"著作权利益"与"经济利益",著作权利益应局限于著作权本身,判断侵权时应避免与其后来产生的经济利益混同,因此即使侵权方没有盈利,但只要是对著作权利益有所损害就可以构成著作权侵权。在著作权侵权的案件中,偏向于过分关注经济利益,容易导致案件发展偏向《反不正当竞争法》的规制范畴,这也是实质性替代标准的缺陷之一。

实质呈现标准指如果被链接网站的内容被视频聚合平台以深度链接的方式向网络用户展示,用户不需再访问被链网站便能在视频聚合平台获得作品,如此就可以将视频聚合平台视为内容提供者[①],即满足第二条"提供行为"的要求,在司法判决中,设链网站会被认为构成侵权。在实质呈现标准的前提下,本文提到的所有案件中,视频聚合平台都会构成侵权。实质呈现标准将设链网站的设链行为拟制为提供行为,但该拟制目前只是学术讨论,是否会成为法律拟制尚待商榷。

2.3 信息网络传播行为侵权认定标准确立

从最初的普通链接到深度链接,从最初的用户感知标准到服务器标准,司法实践的一步步转变见证了技术的进步。何种行为可以被认定为"提供行为",具备何种构成要件才能判断构成著作权侵权,立足于目前的现实,应依据"实质呈现标准"判断为宜。

首先,实质呈现标准的诞生是利益权衡的结果。信息网络传播权是著作财产权,使其与后续的经济行为完全不相联系是不现实的,因此目前主流的服务器标准把信息网络传播权与经济利益完全分割的方法是不可取的,但是并非一定存在联系,而是在司法实践中,属于《反不正当竞争法》规制的案例不应该划分到著作权侵权之中。建立视频聚合平台的优势在于:设置深度链接的行为,方便了网络用户获取作品,用户无须分别进入被链网站搜索视频,只需要在视频聚合平台即可获得大量作品,且无论从何处获得作品,对于用户来说,其获取作品的

---

① 王艳芳. 论侵害信息网络传播行为的认定标准 [J]. 中外法学, 2017 (02) : 456-479.

权利几乎没有被损害。一旦视频聚合平台建立,便可将被链网站集中起来,与网站独立发展相比,看似增加了被链网站的竞争风险,实则会带动同一范围内相同产品的同步发展。然而与此利益相对应的,建立视频聚合平台的劣势也很明显:著作权人的利益更值得被保护,著作权利益是权利人创新的最强动力之一,而创新是现代社会所必不可少的。现阶段,与视频聚合平台带来的效益而言,保护著作权人的利益并支持创新更值得鼓励,且深度链接所带来的用户体验改善是以视频聚合平台进一步向作品传播者角色靠拢的方式获得的,而非单纯提高著作权人的传播效率的方式所致。①法律永远是一门平衡的艺术,在利益权衡之下,创新市场的长久发展更值得被保护,因此认定提供行为时,侧重于对其权利人的保护尤为重要。

其次,著作财产权的本质包括追求经济利益。尽管著作权侵权本身与侵权后损害赔偿数额认定并不具有相关联系,但是著作权的经济属性确实应该被考虑。在视频聚合平台的干预之下,本该属于著作权人独享的利益被视频聚合平台分割,且就目前看来,不只有一家视频聚合平台,视频聚合平台瓜分了本该全部属于权利人的利益,利益被无关人员瓜分不符合公平公正的原则。在流量社会,流量所能带来的财富不可比拟,对比之下,视频聚合平台获得作品链接的成本微乎其微,但是依靠作品引流却可以获得巨大的财富,回报与付出不成正比。

再者,设链行为之中的盗链行为是违法的,严重有损商业道德。若设链行为亦需要获取授权,想必视频聚合平台将会一夜之间垮台。在视频聚合平台侵权的相关司法实践中,设链行为往往是盗链行为,一般情况下,具有视频作品信息网络传播权的权利人为资力雄厚的大公司,如腾讯、爱奇艺、优酷等,而权利人对于自己的作品会设置防盗措施,视频聚合平台正是利用自己的技术盗取了链接,此行为违反《著作权法》。为了维持市场竞争的平衡与稳定,该行为应受到规制,将视频聚合平台的非法设链行为划分到我国法律规定的对作品的"提供行为"之中,有利于减少盗链行为的产生。

最后,实质呈现标准最为公正。实质呈现标准对于权利人来说,既维护了其对作品传播的控制权,又维护了其本该获得的经济利益。保护被链视频网站有再次获得其他作品授权的积极性。倘若全部视频网站都设置深度链接,谁也不愿意为权利授权买单,市场将陷入低迷的状态,不利于文化的发展。对于视频聚合平台来说,仅仅拥有盗链技术,便能免除所有的权利授权费用,此种对于利益

---

① 崔国斌. 加框链接的著作权法规制 [J]. 政治与法律,2014(05):74-93.

的贪婪行为不可取。而对于市场上必不可少的网络用户来说,视频聚合平台的有无都不会对用户具有的观看视频的权益造成任何的损害,因此,将视频聚合平台的设链行为划分为提供行为,抵制视频聚合平台,是现实可行的。

3 结语

认定视频聚合平台是否构成对被链网站的信息网络传播权侵权存在司法实践上的分歧,归根结底在于对我国法律规定的"提供行为"的解释众说纷纭,导致了判决的不一的。在法律的规制之下,侵权行为理应受到处罚,尽管民法不如刑法般严苛,但是法律做出的每一种选择、法院的每项判决都是对权利的处置,而稍有不慎就会使得公平的事实被扭曲。通过对典型案例的法官判决理由进行分析,结合目前学界的观点,笔者认为实质呈现标准最为适合我国当前的司法现状,在实质呈现标准下,视频聚合平台的设链行为满足提供行为的要件,在没有获得授权的情况下,构成对权利人信息网络传播权的侵犯。在实质呈现标准下,侵权行为得到惩罚,权利人权利得到保护,丧失的经济利益被追回,也最为符合我国法律的价值选择。

影视产业的版权侵权分析

——IP 热剧下的"冷"思考

内容提要:2017 年,一起有改编权争议的著作权案例——"周浩晖诉余征、周静、芒果影视文化有限公司等侵害作品改编权、摄制权纠纷案"对人们对如何确定影视作品改编权的边界和兼顾尊重文学艺术创作规律提出了崭新的裁判思路。中国进入中国特色社会主义新时代后,全面推进依法治国。近年来,互联网经济的蓬勃发展使得影视产业迅速崛起,但同时也带来了一定的弊端——影视产业版权保护困难。而影视产业对于文化产业的发展至关重要,已经成为文化产业的重要支柱之一,打击各种违法行为、肃清不正之风对净化文化产业环境有着十分重要的意义。在此背景之下,本文对目前中国网络影视产业相关概念及目前现状进行概述,并对具体案例进行相应的分析,最后针对具体问题提出相应的建议。希望有助于解决影视产业版权侵权纠纷,在一定程度上保护权利人的合法利益,促进文化产业及相关产业的发展。

1 基础理论

影视文化活动可追溯到 1895 年。近年来,我国居民的消费能力也呈现上升趋势,人民对精神产品的需求不断增加,传统的影视产业类型已经满足不了人民的精神需求,新的需求促进了影视产业的发展。从产业链条的角度来看,影视产业的上游为内容制作方,主要包括电影、网剧及综艺等作品的出品方以及版权方;中游为内容传播方,主要包括内容的发行、宣传营销、电影、电视剧等各种类型的播放渠道放映;下游为变现方,其主要通过会员收入、票房、广告、IP 衍生品等多种方式进行变现。

1.1 文化产业概念

文化来源于生活,又反作用于社会生活,文化作为一种载体表达了人们对美好生活的追求与向往,也表达了人民群众一定的精神需求。教育学中提到,每个人都是独立的个体,是发展中的人,每个人对文化都有自己独特的理解。因此,文化产业可以理解为创作者将社会生活通过不同的形式表达出来,使得文化可以不断地被创造、生产、流通,它主要包括电影业、电视广播业、音乐业、电子游戏业等支柱产业及旅游观光业、动漫业等周边产业。

1.2 影视产业概念

影视产业是以电影、电视制作为核心的一种文化产业,是电影、电视的生产、发行和放映及电影、电视音像产品,电影、电视衍生品,电影院等放映场所的建设等相关产业经济形态的统称。

1.3 网络视频产业概念

中国互联网信息中心在公开发布的《中国互联网络发展状况统计报告》中,对网络视频产业的定义是:"网络视频产业是以互联网为传播媒介,以视频播出为主要形式并获得盈利的产业,业内企业主要包括视频分享、在线影视等几种类型。"

1.4 网络影视产业概念

所谓网络影视产业,顾名思义即网络文化产业与影视产业的集合体,以互联网为媒介为人民群众提供影视文化产品及相关服务,是影视产业在互联网高速发展下的产物。它涉及范围极其广泛,具体包括微电影、网络自制剧、网络大电影及网络短视频、网络直播、网络新闻等。

2 影视产业版权的发展现状

互联网技术与影视技术发展迅速,使得影视文化产业十分繁荣,但是有关网络影视产业版权的侵权纠纷也层出不穷,引发了行业对市场纠纷的高度关注。随着互联网技术的迅速发展,影视版权侵权的类型多种多样。现阶段,侵权类型主要集中在信息网络传播权、复制权和发行权这几种权利类型上,这也是目前影视版权领域侵权纠纷案件的主要情形。

现阶段存在政府部门处理版权纠纷问题时职责不清、各部门之间互相推诿等缺点；对于影视作品的立项、审批等环节过于宽松，存在程序和流程不够清晰、侵权纠纷的影视作品监管松垮等问题。影视版权侵权案件存在诸多问题，比较突出的问题是原告起诉时举证困难，很多案件中原告提供的证据十分有限，其只能提供被侵权的证据，但不能够提供足够的证据证明全部侵权事实，更无法证明因侵权事实而遭受的损失，证据不足导致被告承担侵权责任十分困难，这在一定程度上导致原告的胜诉概率降低。

3 影视版权侵权案件产生的原因

3.1 保护影视产业版权的法律法规起步晚、不完善

《中华人民共和国著作权法》于 1990 年 9 月 7 日正式颁布，初步建立起对影视产业版权的保护。虽然电影传入我国较早，但是受我国经济发展水平及人们思想水平的制约，我国当时并没有出台专门的立法对知识产权进行保护。现如今，我国经济发展迅速，相关的法律法规也在不断完善。但是，对影视版权的侵权方式也是日新月异，法律具有滞后性，法律法规的完善不能紧跟影视产业版权侵权的步伐。

3.2 取证困难，当事人主张权利时举证不足

证据，尤其是证据证明力，是司法诉讼中证明事实的核心。[1] 从证据认定角度来看，传来证据的证明力度是远远小于原始证据的，言辞证据的证明力也逊色于实物证据，原告在主张其权利受到损害时应该尽量提供原件，但是随着互联网发展迅速，媒介多种多样，原始证据一般在被告手中，很难获得。根据我国法律规定，权利人的实际损失、侵权人因侵权所获的利益及许可使用费的合理倍数，都是知识产权侵权损害赔偿数额确定的主要依据，这几种方式的适用存在递适性。[2] 由于取证困难，原告无具体的证据来证明其受到的实际损失，因此，在影视

---

① 苏志甫. 知识产权诉讼中电子证据的审查与判断 [J]. 法律适用，2018（03）：25-32.
② 尹西明. 我国著作侵权损害赔偿额确定方法的制度重构 [J]. 河南财经政法大学学报，2017，32（05）：84-91.

版权侵权案件中,具体赔偿数额最终由法官综合考虑相关因素进行裁决,原告的诉求由于取证困难也得不到完全支持。

3.3 维权成本高,耗时久,违法成本低

由于影视版权侵权的方式层出不穷,鉴定困难。例如,一些"高级"抄袭,其抄袭的范围不仅仅局限于字面内容,因此只从表面上很难判断其是否侵权。现阶段,影视产业版权侵权鉴别困难存在以下几个原因:一是侵权鉴定内容多,难度大。影视著作权侵权鉴定涉及的内容十分复杂,不只是言语表达方面,如人物服装搭配及发饰均可能涉及侵权。现阶段,我国认定影视产业版权侵权的流程一般是原告将认为被告侵权的内容提交给法院,法院根据已有证据进行综合对比最后做出判断,一般情况下,原告为了维护自己的权利,会将所有疑似侵犯自己著作权的内容进行提交,以最大化保护自己的权益,这就导致对比内容多而庞杂,耗费时间很长。二是对比对象增多,难度加大。随着影视产业行业的迅速发展,影视行业版权的抄袭仅仅存在于小说与小说这种纸质版的对比中,目前纠纷类型不断增多,范围也不断扩大。由以往的仅仅只是小说与小说之间的单一抄袭,扩大到小说与电视剧剧本、剧本与短视频、游戏对小说或者剧本的跨种类抄袭。如游戏抄袭侵权,判定侵权,不仅仅是字面内容的对比,还需要将游戏的画面与小说或者剧本进行详细对比。要想具体了解游戏画面是否侵权,仅仅靠观察是不够的,有的闯关类或者益智类的游戏需要可能法官作为参与者亲身体验,这类游戏设置的关卡、每一关的画面都可能存在不同,较高的游戏水平去通关才能详细了解游戏的所有画面,然后才能进行比对判断。三是需要较强的专业知识。很多著作权纠纷不仅涉及专业知识,还涉及实质性相似的判断,而实质性相似是个非常主观的问题,主观裁量自由比较大。

现有的法律规定不足以解决存在的问题。由于取证困难,后续的索赔也较为困难。索赔阶段涉及的程序更为复杂,被侵权人需要大量的人力物力及时间来进行证明,但是最后诉讼阶段获得的赔偿却很少,这使得小型影视作品的作者很难通过诉讼主张权利。

4 相关案例及分析——以 IP 热剧为例

影视版权侵权纠纷类型多样,具体包括电影、电视剧、动漫形象、动画形象、

卡通形象、摄影作品、游戏软件、音像制品等。我们接下来以 IP 热剧的相关内容进行分析。

IP 即 Intellectual Property，直译过来就是知识产权，主要是指在有一定受众的国产剧、网络小说、游戏或是动漫等基础上改编成影视剧的作品。知识产权由来已久，包括版权、专利、商标和设计四大类别。2015 ～ 2017 年正是 IP 最火爆的时候。然而，随着市场炒作，大 IP 的风气愈演愈烈，热门 IP 改编的影视剧质量却良莠不齐。当炒作流量明星、炒作 IP 市场失灵时，未来国内影视文创产业将如何开发利用网文 IP？

近几年的影视改编市场，网文 IP 是主力军。据统计，2018 年，收视率前五十电视剧中有 32 部 IP 改编剧，有 60% 的改编自网文，其中来自阅文集团的网文占比较高，改编作品的总播放量高达 530 亿。比较知名的有热播的大型古装连续剧《知否知否应是绿肥红瘦》，其改编自晋江文学的连载网络小说；《双世宠妃》《扶摇》贯穿全年实现热播。从腾讯视频首轮播出，到东方卫视等省级卫视二轮播出依然获得较高的收视率来看，网文改编的影视作品已经实现网台互动，极大改变了收视结构。

网文 IP 类型多种多样，能够吸引不同年龄阶段的受众群体。根据第 44 次《中国互联网络发展状况统计报告》显示，截至 2019 年 6 月，我国网络视频用户规模达 7.59 亿，占网民整体的 88.8%。各大视频平台播放的视频内容更加精细化、多样化，以吸引更多的观众，提高收视率。各大平台网站由播放电视剧、电影、综艺，向电竞、动漫等新兴领域扩展。各大网站以知识产权为中心不断整合资源，形成视频与其他领域协同发展的娱乐产业。随着平台自治的不断推进，网络文学形式更加多样化，产业链条更加完善。在产业链上游，"90 后""95 后"年轻作家崭露头角，新鲜血液不断注入网络文学行业；在产业链下游，国内网络平台的数量不断增多，并且通过各种途径扩展其在国外的影响力。在市场拓展方面，国内网络文学平台的海外业务发展迅速。作品题材的内容也在不断丰富，涉及古今中外，例如历史、武侠、抗战、悬疑、都市、职场，各大网站都在进行孵化 IP 产业的布局，比如阅文集团、爱奇艺等都在抢占阵地。同时，网文 IP 正在向产业纵深发展，比如阅文集团主推 IP 合伙人制，从源头介入 IP 开发过程，注重联合产业伙伴；常年和湖南卫视、东方卫视等传统一线卫视进行合作，共同推出文学盛典晚会，请原创作家和明星齐聚一堂，扩大传播影响力。

最近几年，IP 影视作品发展火热，侵权纠纷频发，各种各样的问题层出不穷。IP 的使用并不是无偿的，而是需要支付费用，购买 IP 时要找到 IP 的权利归属人，而这个问题需要具体情况具体分析。比如一部小说,如果需要用到小说里的一些内容或者部分故事情节来创作电视剧或者改编成电视剧的话,需要得到小说醉作者的许可,如果未经许可就私自使用的话,可能构成侵权;再比如,将已经完成拍摄的电视剧或者电影改编成游戏的话,就需要取得影视作品制片人的授权许可,否则就可能构成侵权。

改编者在一定程度上就是演绎作品的创作者,对于改编后的作品享有著作权,改编者为原作品注入了新的活力使其迸发出新的生机,其权利应该受到同原作者一样的保护。有学者主张,"改编不仅是转译,还包括在立意、审美品位等层面的提升"。由于国内 IP 授权改编模式起步较晚,书面授权的形式存在瑕疵,导致 IP 衍生作品经常发生侵权。例如之前热播的《锦绣未央》的原作涉嫌抄袭,被起诉到北京朝阳法院,进行公开审理,指责原作抄袭的网友自发组成团队,给《锦绣未央》做"调色盘"比对("调色盘"比对指将疑似抄袭部分与原文分列左右进行对比,其中雷同的句子采用鲜艳的颜色进行标明),找出《锦绣未央》小说在人物设定、故事架构及其他多个方面的抄袭之处,其抄袭的作品数量超过了 200 部,多名作家对《锦绣未央》小说的作者秦简进行了起诉。虽然这次起诉的是小说,但是电视剧《锦绣未央》也被推上了风口浪尖。

另外一个较为典型的例子就是大型古装剧《芈月传》,小说作者蒋胜男起诉电视剧《芈月传》制片方及总编剧王小平。蒋胜男称王小平和"花儿影视"在官方宣传海报、互联网等诸多宣传途径中都没有载明"根据蒋胜男同名小说改编"的字样,将编剧排名定为"王小平 蒋胜男"等行为侵害了她的署名权。该案中,制片方为宣传电视剧而制作的宣传海报、片花并非作品本身,它的用途类似于广告,目的在于吸引观众的注意力,提高电视剧的热度。所以海报、片花的设计通常只会载明强大的演员阵容、惊心动魄的剧情介绍等,宣传海报、片花内容丰富,编剧的署名并不是其主要内容。而且我国没有规定必须在宣传海报、片花上署上作者的名字,当事人之间对此也没有协议约定,整个影视行业也不存在必须要在宣传海报、片花上署上作者的名字这一行业惯例。而且,花儿影视在宣传期间已经充分说明了该剧是由蒋胜男同名小说改编而来的,有足够的证据表明蒋胜男的作者身份,并使观众知晓。故法院判决,花儿影视并不侵犯作者蒋胜男的署名权。

在认定影视作品的侵权上,主要有以下这几种类型:剧本抄袭、信息网络传播权侵权、延伸作品侵权。对于剧本抄袭,一般采用"金字塔理论"来判断。所谓"金字塔理论"就是越接近金字塔底部,行为越可以由《著作权法》保护。我国《著作权法》所保护的是作品中作者具有独创性的表达,即思想领域或情感等的表现形式,不包括作品中所反映的思想或情感本身。例如,陈凯歌导演的《妖猫传》抄袭剧本《又遇白居易》,完整套用角色人物和故事情节、特定场景的描述,时间地点都极为相似。虽然《妖猫传》与《又遇白居易》所表达的主题不同,但其仍构成侵权,被判令赔偿 300 万元人民币。再者,我国著作权保护"表达",不保护其"思想创意"。允许人们自由使用别人作品中的思想创意,并在此基础上通过自己的语言表达出来,目的在于鼓励和促进文化产业的发展。一些不法商家在未经权利人许可的情况下,擅自将热门剧集中的人物或者动漫形象制作成玩偶、服饰或者抱枕等系列衍生产品,利用影视剧本身自带的流量提高销量,此行为也构成侵权。例如,《奔跑吧,兄弟》节目组被《葫芦娃》起诉至法院,原告诉称,"跑男"推出的葫芦娃人物设定、道具等,未经过许可及审查,便予以播出,侵犯了其著作权,给其造成了损失,因此要求赔偿 200 万元。

5 影视产业版权侵权纠纷解决完善之对策

5.1 政府各部门完善职能,加大打击盗版的力度

从 2010 年起,政府为打击网络侵权盗版行为积极开展了"剑网行动",每年查处案件上千起,严厉打击非法网站。从呼吁群众提高维权意识到多部门联合执法进行整治,随着近年来 IP 网剧的大热,政府部门将影视作品、新闻作品和应用等多个热点领域的版权保护问题作为整治的重点,以此为著作权人提供良好的网络版权环境,维护版权秩序,激发其创作热情。近年来,国家版权局不断加强对新型传播平台版权的监管力度,具体包括以下内容:一是扩大监管范围。监管的范围包括视频网站、网盘及主流 App,其中重点监管的视频网站包括优酷、腾讯、哔哩哔哩动画、爱奇艺等知名视频网站,对于未经著作权人授权就私自播放影视剧的相关平台或作品经过授权但是授权期限已满仍未将其下架的平台,国家版权局将其列入警示名单,责令其在一定期限内进行整改。平台如果能够在规定的时间内进行整改并且顺利通过审查的话,将其从警示名单中删除;平台如果未依法整改或者整改后仍然存在严重违法问题的,不将其从警示名单中进行删除,并且对其进行立案调查。二是强化公开通报、群众举报等监督手段。对于公众举报的存在侵权的作品予以核实,确实存在侵害他人著作权的予以奖励;对于举报存在失误的也不进行惩罚,充分发挥大众监督的作用,以此滋养良好的版

权环境。三是完善长效机制,版权行业各方共同努力。影视产业版权环境的净化不能仅仅依靠监管者的强制手段,更需要平台、授权者及观众等各方的努力。

5.2　完善影视产业版权纠纷中举证责任问题

原告承担被诉行为的举证责任,但在已有的侵权案件中,原告在证明自己就是侵权案件的权利人方面多存在举证不足的问题。证明自己的权利主体身份是原告主张侵权的前提,但是多数原告不能提供充足的证据证明自己的主体身份,而权利主体身份是后续主张权利的基础。若是这一主张存在困难的话,其后续的权利主张也无法进行。对于这一问题,可以具体案例具体分析,赋予法官一定的主观裁量权,适当调整举证责任的分配,减轻原告的举证责任,维护其合法权利。并且在分配举证责任时,应该用长远的、综合的眼光综合分析,例如证据取得的复杂程度、双方举证的难易程度等。

5.3　及时了解互联网新动态,完善相关的法律法规

互联网新技术发展迅猛,我国保护影视产业版权的法律制度相对于发达国家来说起步较晚,并且也不够完善,这使得近年来影视作品侵权问题频发,处理问题的程序耗时耗力,而原告获得的赔偿数额也较少。今后,我们可以在《著作权法》的框架下进行细化,出台相关保护影视产业版权的制度,在一定程度上简化审理程序,以最快的速度解决问题,加大惩罚力度,提高侵权行为的损害赔偿数额,形成一定的威慑力,为影视产业的健康发展保驾护航。

5.4　完善互联网方面的相关制度

随着信息技术的发展及网络的普及,影视产业的类型也会不断地更新。对于发展过程中不断出现的问题,应该从多个方面进行考虑,主要包括:网络服务提供者要注重提高自身技术水平,在形式审查的基础上加强实质审查、切实承担起网络服务提供者的安全保障义务、重视新技术在影视产业侵权纠纷中确认证据证明力作用。希望能够不断地完善影视产业的版权保护,克服发展过程中的瓶颈,朝着新的方向发展。

5.4.1　网络服务提供者要提高自身技术水平,完善实质审查义务

互联网的蓬勃发展是以网络技术的不断进步为前提的,互联网的发展犹如

一把双刃剑,发展的同时也带来了大量的侵权纠纷,而这些纠纷是可以通过网络技术设置安全措施加以规避的。首先,网络服务提供者具有经营许可资格,说明其技术水平达到了行业准入的水平,在达到行业准入水平的基础上,进一步提高技术水平,对平台内容进行实质审查,该实质审查义务根据网络服务提供者提供的服务类型,同时综合考虑其技术水准、行业影响力等因素来决定。承担实质审查义务需要技术水平的提高,必然导致运营成本的提高,而这一成本最终会通过提高收费价格、增加平台新用户等方式分散到整个社会。

5.4.2 重视新技术在影视产业侵权纠纷中确认证据证明力作用

应该不断提高网络服务提供者的证据留存意识,重视新技术在提取证据及保留证据方面的作用。《最高人民法院关于〈关于民事诉讼证据的若干规定〉的决定》细化并且扩大了作为证据使用的电子证据的范围。例如,通过网络平台发布的作品,其形式为数字化,当其作为电子证据被使用时,应当提供原件并且符合一定的条件。例如,微信聊天记录作为证据被使用时,需要满足以下两个条件:第一,有证据能够证明自己是微信使用人。因为微信并非全部都是实名制,很可能存在造假的情况,这是首要前提;第二,保证微信记录的完整性,微信作为一种通信工具,通常只记录事件的部分情况,如果不完整的话是不能作为证据使用的,即使当事人提供了,法院可能也不会采纳。不仅聊天记录如此,网络服务运行者后台提供的信息作为证据使用时也有严格的限定。例如,快手公司跟某科技公司的诉讼中,快手公司提供的后台信息截图,被对方认为其提供证据的时间超出了法定的举证期限,法院不应采纳,不应作为证据使用;且后台信息等数据均由快手公司掌握和更改,所以不认可其真实性。数字化发展迅速,无纸化创作能够促进文化的快速传播,也为权利人带来了新的挑战,权利人应该不断提高版权意识,不断改进保存证据的技术。

5.4.3 引入版权补偿金制度

随着信息网络的发展,各种数字化工具越来越普及,"上传""下载"似乎已经是生活中必不可了少的行为了,但是大量网络用户在未经权利人许可的情况下以各种形式复制、使用受著作权保护的数字作品,比如随意复制粘贴文学作品、下载上传音乐作品、影视剧等,由于互联网用户规模大,各种作品的复制成本低且耗时短,这使得复制作品大量传播,版权人的利益受到严重损害。网络用户的复制行为是极为简单的,但是这种复制行为的数量却很多,权利人维权需要付出巨大的时间及金钱等成本,但却不一定会获得赔偿,况且很多时候权利人为了维护自己的名誉,一般不会去起诉用户。同时,我国并没有规定版权补偿金制度,为了缓解权利人与公众的利益冲突,更好地维护权利人的合法权益,认为引进版权补偿金制度是刻不容缓的。

5.5　建立有效的行业协会管理和引导制度

影视产业版权侵权类型多种多样,除政府的监督管理之外,广大人民群众及有关协会的监督管理在弥补法律漏洞、填补法律空白的方面也发挥了十分重要的作用。有关协会对于影视产业的相关内容及制度更加熟悉,管理影视产业人员也更加便利,具有一定的威慑力。

各种因素的综合发展给影视产业发展带来了莫大的机遇,但是与此同时也伴随着一定的挑战性,根据前文所述,我们要充分利用好各项机遇促进影视产业的繁荣,以点带面,带动相关产业的发展。在影视产业版权侵权方面,国家、社会、个人都要努力,为影视产业的健康发展营造健康良好的发展环境。

6　结语

网络文学行业乱象丛生,侵害的不仅仅是著作权人的合法权利,在一定程度上已经严重影响了影视产业的健康发展。如果对于抄袭行为不加以制止,那么抄袭者将会越来越多,原创作者的信心会备受打击,长此以往,原创者将无处跻身。著名的《锦绣未央》案的胜诉给原创者维权带来了信心,激发了其创作热情,也使我们看到了我国为了保护影视产业版权付出的努力及取得的进步。网络文学的快速发展是一把双刃剑,其优点在于带动文化市场的繁荣,缺点在于发展过程中出现了一系列问题,但是这些问题在国家和公众的共同努力下正在被一一解决。

近年来,随着版权保护理论与实践的迅速发展及人们对于版权保护的研究,影视版权产业成为版权产业中的重要支柱,不断加深对其研究对于整个版权产业的发展都有十分重要的意义。现阶段,由于我国影视版权保护措施的不完善,导致我国影视产业不仅面临着国内市场的压力,还有来自海外的跨国影视版权保护的压力,这使得中国影视产业在夹缝中生存。我国的影视产业想要得到长足的发展,就必须脚踏实地,加强对影视版权的保护。第一,研究掌握影视版权相关产业的发展趋势、发展规模,促进全社会形成良好的版权意识。第二,加强与发达国家版权保护的比较研究。发现我国保护制度的不足与缺陷,立足国情,取其所长,不断完善版权保护制度。第三,充分发挥影视行业协会的监管作用。在一定程度上减轻政府部门的工作量,更好地发挥行业自制与监管作用。第四,相关部门可以合作,定期召开讲座,提高网络文学作者的维权意识,以至于在侵权案件发生后,作者知道如何维护自己的合法权益。

公共图书馆数字化进程中的版权侵权分析

——"'藏书馆'App"案

内容提要：随着网络技术的不断发展与人们阅读习惯的改变，各地图书馆也纷纷引入"互联网+"思维，建立线上阅读平台，为用户提供数字化服务。数字图书馆在拓展和加深文化知识传播范围的同时，也面临着著作权侵权的困境，尤其是侵害信息网络传播权纠纷。若图书馆提供数字化服务所面临的焦虑不断持续增加，将不利于图书馆公共服务职能的履行，那么公共图书馆如何才能规避侵权风险呢？

1 案例概述

根据相关著作权人的授权，原告中文在线公司取得了涉案作品的信息网络传播权，2018年10月，原告发现被告简帛公司、简帛图书馆运营的"藏书馆"App中提供涉案作品的在线阅读和下载服务，认为其行为严重侵犯了原告的信息网络传播权和获得报酬权，并诉至法院。简帛图书馆主张：① "藏书馆"App内的图书资源系第三方用户上传，涉案App的分类是系统自动算法抓取的结果，简帛图书馆不对图书内容及结果进行修改和控制，也不可能对所有上传内容进行审查；② 作为网络服务提供者的简帛图书馆适用"避风港"原则，不承担赔偿责任，涉案App的服务条款已经明示，该存储空间是为服务对象提供，简帛图书馆没有从用户提供的电子书中直接获得经济利益，没有对内容进行编辑，在用户选择公开电子书共享时，已经提示要尊重他人合法权利，确保有合法权利来源，在接到权利人通知的第一时间也删除了涉案作品；③ 简帛图书馆是非企业公益组织，依法负有推动公共图书馆利用数字化、网络化技术向社会提供便捷服务的法定责任,应当考虑简帛图书馆的公益性质及社会作用,涉案 App 只能满足借阅功能,一本书只能出借一个用户,借阅期限只有 15 天,且无法生成永久复制件,因此涉案作品的传播极为受限,用户的侵权行为显著轻微,给著作权人造成的损失较小。简帛公司主张,简帛公司作为软件开发方对涉案作品的提供并无关联,运营方只对相应的运营行为承担责任,这是行业共识。

一审法院认为:第一,普通网络用户原始取得或继受取得作品的信息网络传播权并以免费方式对外公开传播的情形并不多见,况且,平台电子书资源数量已达五十多万册,远远超越普通网络用户作为权利人对外免费传播作品的可能情形。第二,就简帛图书馆在涉案"藏书馆"平台设定的预防侵权措施而言,其对用户上传电子书资源所采取的侵权防御措施仅体现于用户上传页面中的文字提示及用户进行注册时需确认同意的用户服务条款中,简帛图书馆未采取合理的预防和应对侵权的措施。第三,图书馆未强制要求上传用户对文件进行分类,可以认定简帛图书馆对平台资源进行了分类编辑等操作。故简帛图书馆作为网络服务提供者,对于网络用户依托其平台侵害信息网络传播权的行为存在明知或者应知的过错,应当承担帮助侵权之责任。简帛公司仅接受简帛图书馆委托提供平台技术开发及后期产品迭代升级工作任务,不参与平台日常运营及维护工作,法院无法在简帛图书馆承担对用户行为应尽相应注意义务的基础上再对简帛公司苛以另一重注意义务,简帛公司被控侵权行为不成立。判令简帛图书馆于判决生效之日起十日内赔偿中文在线公司经济损失十万元整。

二审法院认为:根据简帛图书馆提交的数据库记录显示,涉案作品曾在简帛公司交付涉案 App 之前就已经存储于涉案 App 的数据库内;2017 年 12 月 31 日,简帛公司将涉案 App 后台包括数据库交付简帛图书馆运营。简帛公司将存储涉案作品的数据库交付简帛图书馆,简帛图书馆向用户提供涉案作品,二者共同完成了提供涉案作品的行为。简帛公司向简帛图书馆交付涉案 App 及数据库时,双方均应当明知数据库中存储的作品内容;双方作为传播电子书的相关市场经营者,对知名度较高的涉案作品负有较高的注意义务。简帛图书馆在明知数据库存在涉案作品的情况下,亦未对数据库进行筛查,即将涉案 App 上线运营,据此,简帛公司与简帛图书馆侵害涉案作品著作权行为存在主观故意,未经涉案作品著作权人许可,通过网络共同提供了涉案作品供用户下载,实施了侵害涉案作品著作权的行为。一审法院参考简帛图书馆的公益性质、运营模式及未获得收益等情节缺乏事实依据,一审法院酌情确定中文在线公司的经济损失过低,应予纠正。二审判令简帛公司及简帛图书馆于判决生效之日起十日内连带赔偿上诉人中文在线公司损失三十八万元。[①]

2 公共图书馆面临的信息网络传播权侵权风险

随着网络技术的不断发展和人们阅读习惯的改变，各地公共图书馆也纷纷引入"互联网＋"思维，建立线上阅读平台，为用户提供数字化服务。数字图书馆在拓展文化知识传播范围的同时，也面临着著作权侵权的困境，尤其是侵害信息网络传播权纠纷。笔者在中国裁判文书网上，将案由设置为"侵害信息网络传播权纠纷"，将当事人设置为"图书馆"，将时间设置为"2014 年 6 月 1 日至 2020 年 6 月 1 日"，共计检索到案例 1183 件。

《著作权法》规定，信息网络传播权，即以有线或者无线方式向公众提供作品，使公众可以在其个人选定的时间和地点获得作品的权利。《最高人民法院关于审理侵害信息网络传播权民事纠纷案件适用法律若干问题的规定》第三条对信息网络传播的提供行为用了"提供＋交互式使用＋获得"的解释，即对通过上传到网络服务器等方式，将作品置于信息网络中，使公众能够在个人选定的时间和地点以下载、浏览或者其他方式获得的，人民法院应当认定其实施了前款规定的"提供行为"。[②] 在开放式、交互式的网络环境下，未经著作权人许可的作品一旦上传至网络，传播范围即无法控制，这将严重损害著作权人的财产权，著作权人的信息网络传播权理应得到保护与支持。然而，作为肩负着传播文化知识任务的公共图书馆，唯有不断拓宽其馆藏资源，最大限度地开放公众获取信息和知识的渠道，创新其馆藏资源的利用和传播途径，才能推动公共图书馆事业实现创新型发展。网络化运转的图书馆，通过数字化的方式向社会公众传播文化知识，让用户可以随时随地按照自己的需要，浏览或下载自己需要的数字化文献资源，但在此过程中稍有不慎，公共图书馆就会陷入侵犯信息网络传播权纠纷之中。

公共图书馆的数据来源主要是自建数据库和外采数据库。外采数据库主要是指图书馆从第三方数字内容提供者处购买数字资源的使用权，然而，由于公共图书馆审查不够规范、数字内容提供者权利存在瑕疵、合同到期图书馆未及时下架等原因，公共图书馆频频陷入信息网络传播权纠纷之中。曾有学者进行过统计，发现在 1856 件公共图书馆著作权侵权案件中，图书馆因其他主体侵权而作为

[①] 天津市第三中级人民法院(2019)津 03 知民终 74 号判决书。

[②] 杨勇．从控制角度看信息网络传播权定义的是与非 [J]．知识产权，2017（02）：3-21.

共同被告的案件共计 1492 件,占该类案件的 80.39%。[①] 如藏书馆 App 案中,二审法院就查明,涉案作品在简帛公司交付涉案 App 之前就已经存储于涉案 App 的数据库内。

为了最大限度地拓宽公众获取信息和知识的渠道,公共图书馆在自建数据库的过程中,会进行一些探索性尝试,而这些尝试直接将公共图书馆推向了被告席。深度链接的信息聚合方式可以有效解决大数据时代信息过载的问题,与此同时,其本身也存在着侵权争议,引发了一轮又一轮的讨论热潮。早些年,重庆涪陵区图书馆便在信息聚合服务方面进行了一些探索,然而,在"北京三面向公司诉重庆涪陵区图书馆"一案中,二审法院认为涪陵图书馆作为链接提供者,会使用户误以为其内容仍为涪陵图书馆提供,此案开启了图书馆网络链接服务侵犯信息网络传播权的先河。简帛图书馆也同样进行了探索性尝试,其经营与管理的"藏书馆"App 给予了注册用户上传与分享资源的平台。一审法院曾认为涉案作品是案外人提供,但是,鉴于简帛图书馆作为网络服务提供者,对于网络用户依托其平台侵害信息网络传播权行为存在明知或者应知的过错,判令其应当承担帮助侵权之责任。

面对浩如烟海的书籍,公共图书馆可能无法一一获得权利人的授权;面对信誓旦旦有着授权证明文件的数据库提供方,公共图书馆可能无法一一核实每一个作品;面对侵害信息网络传播权纠纷,公共图书馆屡屡败诉。作为向社会公众免费开放、承担了利用现代化信息技术和传播技术提升公共服务效能的图书馆,如何在充分尊重著作权人的信息网络传播权的同时,履行其提供数字资源的法定职责?为此,我们需要对公共图书馆侵犯信息网络传播权的行为进行分析探讨,从而为公共图书馆规避侵权风险提供建议。

3 公共图书馆侵犯信息网络传播权行为分析

在互联网技术蓬勃发展的热潮之下,肩负着传播知识与文化任务的公共图书馆,通过多种渠道进行探索性尝试,但是,稍有不慎便陷入了信息网络传播权纠纷之中。信息网络传播权涉及各种利用网络媒介传播作品的行为,其具有天

---

① 姚明. 被告席上的反思:我国公共图书馆著作权侵权防范研究——基于 1856 份裁判文书的实证分析 [J/OL]. http://kns. cnki. net/kcms/detail/23. 1331. G2. 20200824. 1628. 006. html, 2020-10-02.

然的复杂性,为了更好地助力公共图书馆规避侵权风险,有必要对近些年来公共图书馆涉及信息网络传播权纠纷案件的侵权行为进行分析与总结。

3.1 直接侵权

在著作权领域,直接侵权是一种直接非法行使著作权或邻接权人的权利或妨害他们行使这一权利的行为,侵权人的行为直接涉及作品。公共图书馆直接侵权主要是指未经著作权人许可直接实施的受专有权控制的行为,即直接提供作品。例如,公共图书馆未获得权利人许可,对纸质资源进行扫描,然后将其上传到服务器上以固定的数字资源形式储存传播,或者设置共享文件、利用文件分享软件等方式,将作品上传至信息网络中,使公众可以随时随地进行下载、浏览。日常生活工作中,公共图书馆确有需要提供本馆收藏的合法出版的数字作品和依法为陈列或者保存版本的需要以数字化形式复制的作品时,要严格遵守《信息网络传播权保护条例》第七条第一款的有关规定,确保服务地点在馆内,不获取经济利益,采取技术措施,指明作品名称和作者姓名。

3.2 间接侵权

著作权间接侵权是指"第三人虽然没有直接侵犯人的著作权,但由于他协助了直接侵权人的侵权,或者由于他与直接侵权人之间存在某种特殊关系,而应当由他为直接侵权人承担一定民事责任"。[①] 公共图书馆间接侵权主要是指图书馆虽然没有实施受专有权控制的行为,但是却为直接侵权行为提供了帮助,即网络服务提供行为。将公共图书馆的行为区分为作品提供行为和网络服务提供行为,便可充分考虑著作权人的权利和社会公众利益之间的利益平衡,即根据侵权行为危害,合理承担赔偿责任。间接侵权责任,既可避免让著作权人动辄得咎,妨害图书馆公共服务事业的发展;同时,又让公共图书馆承担适当的注意义务,防止图书馆对网络环境下的侵犯著作权行为不闻不问、消极放任。

若公共图书馆在购买数据库时,已查验了依法获取授权证明文件,并签订了数据库公司对文献资源的合法性承担全部法律责任的协议,那么公共图书馆是否一定能免责?詹启智诉深圳图书馆、北京方正阿帕比技术有限公司侵害作品信息网络传播权一案中,二审法院认为:阿帕比公司未能进一步举证其已取得涉

---

① 蔡丽萍. 图书馆信息传播中版权间接侵权风险探析 [J]. 河南图书馆学刊, 2011, 31(01): 14-16.

案作品的合法授权,其和深圳图书馆分工合作,通过信息网络向社会公众提供涉案作品的行为构成共同侵权,深圳图书馆不能因其具有公益属性而免责,应当与阿帕比公司承担连带侵权责任。[①]笔者认为,深圳图书馆一案中,二审法院的判决有失偏颇,公共图书馆以公益为目的提供数字图书服务,主观上不具有侵权的故意,客观上也未获得经济利益,况且图书馆在签订合约时,已尽合理注意义务。让公共图书馆对第三方提供的数字资源版权问题一一进行核查,这在实践中既难以操作,也不符合成本效益原则。笔者认为,法律不强人所难,只要公共图书馆在与第三方签订合同时,要求第三方提供版权证明,并且对相关权利义务进行了明确约定,就应当认为公共图书馆已经尽到了合理的注意义务。若在司法实践中,无限拔高公共图书馆的注意义务,将会导致公共图书馆消极履行其法定职责,长此以往将影响广大群众的基本文化权益。

公共图书馆是保障人民基本文化权益的重要阵地,网络技术、数字技术、新型传媒技术的推广应用,对文化生产与传播产生了革命性的影响,极大地丰富了公共文化产品服务的内容和形式,给新时期公共图书馆事业的发展提供了强有力的技术支撑;同时,也给图书馆的带来了一些侵权争议。公共图书馆在提升数字文化产品供给与服务能力,进行一些探索性尝试时,要注意以下几点,以免陷入侵犯信息网络传播权纠纷之中。

第一,公共图书馆在与第三方签订数字资源采购合同时,要严格审查第三方的资质及依法获取著作人授权的证明文件,同时,在合同中就双方的权利义务进行详细约定,明确第三方应保证所提供的数字资源不存在侵权,如若因数字资源版权问题涉及侵权纠纷,则由第三方承担责任。与此同时,公共图书馆应按照合同约定的范围和方式合理使用外购的数字资源,避免因超过约定范围使用数字资源陷入侵权纠纷之中。

第二,公共图书馆作为网络服务提供者,要尽到合理的注意义务。开展注册用户的上传与分享作品业务的图书馆,要对每一部作品的上传情况进行详细记录,确保注册用户的资料详细且真实,以便发生侵权纠纷时,可以准确定位到上传用户。对于市场价值较高的知名作品,公共图书馆要提高注意义务,及时对上传作品的版权情况进行了解调查,若存在侵权可能性要及时采取下架删除措施。

---

① 周刚志,王星星. 论信息网络时代下公共图书馆的合理使用权配置——以深圳图书馆信息网络传播权侵权案为视角 [J/OL]. http://kns. cnki. net/kcms/detail/23. 1331. G2. 20200717. 1332. 008. html, 2020-10-02.

在用户上传作品时,要采取合理的预防措施,在用户上传页面中,用突出明显的字体对上传作品的版权问题及可能存在的争议进行明示,以便引起用户的充分注意。开展链接服务的图书馆,要充分尊重被链接作品权利人的主观意愿,若被链接网站采取了相关技术措施限定作品的使用范围,此时,公共图书馆切不可通过破解技术手段来设置链接;对于明确要求经许可转载的,公共图书馆要主动积极地与权利人进行联系,并且明确详细注明作品的权利来源信息;对于未标注权利管理信息的,公共图书馆也要主动采取显著化的标识技术。① 公共图书馆在提供链接服务时,要让被链接网站的图标、网站名称以显著化的手段被呈现出来,用来引导读者明确识别被链接作品的来源,确保权利人的利益不会受到损害。

第三,公共图书馆要严格履行"避风港原则"和"红旗原则"赋予网络服务提供者的法律义务。公共图书馆要设置便携的接受权利人侵权通知函程序,在接到权利人的侵权通知函后,要向相关人员核实作品的版权问题,若存在侵权可能性,要及时将相关作品下架、删除。若作品侵权可能性特别高,如具有市场价值的知名作品,一般不会在网络上免费向公众提供,对此,图书馆应该提高警惕,主动核实作品版权问题。

第四,公共图书馆应尽可能地主动采取技术措施防范侵权风险。公共图书馆可以采取读者身份认证、分类进行权限设置,控制每日借阅数量、篇幅,信息加密技术、防复制技术等措施,合理使用数字资源以避免侵权。将大数据、人工智能、区块链和云计算等先进技术引入图书馆版权管理体系之中,建立健全作品版权技术管理体系,做到版权风险评估、侵权预警、预案启动的智能化和自动化。②

4　相关制度的审视与探索

目前,我国的数字资源提供商发展迅猛,已逐渐形成垄断之势,中国知网和万方数据知识服务平台拥有的期刊论文、学位论文、专利、标准、报纸文章等学术资源是国内绝大多数公共图书馆都无法比拟的,以至于高校图书馆已经离不开这些资源提供商了。③ 近些年来,公共图书馆遭遇的侵权诉讼,绝大多数都是数

---

① 陈诗琴. 图书馆信息聚合服务的法律问题探究 [J]. 图书馆建设, 2017（07）: 31-35+42.
② 陶景治. 图书馆对数字版权侵权责任的规避——以"避风港"规则的适用为视角 [J]. 河南图书馆学刊, 2020, 40（03）: 124-126.
③ 冯海英, 赵秀敏. 大数据时代数字图书馆面临的机遇和挑战 [J]. 文化创新比较研究, 2019, 3（09）: 85-86.

字资源提供商提起的诉讼。2017 年,仅北京三面向版权代理有限公司与河南省
图书馆、北京世纪超星信息技术发展有限责任公司这一组当事人之间形成的系
列文书就有 704 篇。① 与此同时,出版集团通过重组和兼并的规模化经营,也强
化了数据库的自然垄断,20% 的出版社集中掌控着大约 80% 的期刊资源。②

数字资源提供商的垄断地位和经济优势,使得公共图书馆在与其签订合同
时,往往处于明显的劣势地位,只能被动地接受第三方数字资源提供者的苛刻条
件,长此以往,必将破坏公共文化领域的活力。③ 况且,公共图书馆作为公共文化
服务体系的重要组成部分,承担着提供知识信息、传播先进文化、开展社会教育
的重要职责,是保障人民基本文化权益的重要阵地。德国宪法学界提出了"财产
权的社会义务理论",是现代国家解决私人财产权和社会公共利益冲突的基本理
论,出于维护社会公正目的,财产权应当自我限缩,财产权的行使要以公共福祉
为目的。④

我国《公共图书馆法》第四十条明确规定:"国家构建标准统一、互联互通的
公共图书馆数字服务网络,支持数字阅读产品开发和数字资源保存技术研究,推
动公共图书馆利用数字化、网络化技术向社会公众提供便捷服务。"公共图书承
担着积极推进公共数字文化服务的法定职责,然而,《信息网络传播权保护条例》
第七条却仍将数字化复制作品的范围严格限定在"为陈列或者保存版本的需要"
之中。将图书馆的信息网络传播范围限定在本馆馆舍内,会限制公共图书馆数
字化、网络化利用馆藏资源的权利。⑤

作为平衡著作权人利益与社会公共利益手段的合理使用制度,在文化知识
生产与传播产生革命变革的今天,已不能满足信息时代公共图书馆数字化的发
展需求。《著作权法》第二十二条中,对于著作权合理使用制度的规定采用了严
格的规则主义立法模式,具体列举了十二种法定适用情形,其立法本意在于平

① 姚明. 被告席上的反思:我国公共图书馆著作权侵权防范研究——基于 1856 份裁判文书
的实证分析 [J/OL]. http://kns. cnki. net/kcms/detail/23. 1331. G2. 20200824. 1628. 006.
html, 2020-10-02.
② 向林芳. 外文电子期刊数据库捆绑纸本订购模式分析 [J]. 图书馆学研究,2012(03):
52-57.
③ 王果,张立彬. 网络时代图书馆著作权侵权案件的案例分析与法理思考 [J]. 图书情报
工作,2019,63(08):29-37.
④ 张翔. 财产权的社会义务 [J]. 中国社会科学,2012(09):100-119+207-208.
⑤ 周刚志,王星星. 图书馆信息网络传播权研究 [J]. 图书馆工作与研究,2018(05):5-9.

衡、保护著作权人合法权益与鼓励、促进作品的创作和传播的关系。此种立法模式在法律实施层面虽易于理解和操作,但同时也极大地限缩了对其进行扩大解释的空间,表现出封闭性、僵硬性。尤其随着数字技术、互联网的兴起与繁荣,现有合理使用制度不仅难以灵活地适应纷繁复杂的社会生活,也难以为公共图书馆数字化、信息化发展保驾护航。曾有学者检索了2000年1月1日至2018年9月5日涉及图书馆著作权纠纷的案件判决书,发现仅有一例是以合理使用为理由抗辩并获得法院认可的。①

为了更好地助力公共图书馆数字化转型发展,促进公共文化服务体系建设,笔者建议我国相关制度可进行以下探索。

第一,赋予公共图书馆可以将馆藏的图书资料数字化并向馆内用户开放的权利。允许公共图书馆可以在不经著作权人事先同意,但是按相关规定支付报酬的情况下,将馆藏的图书资料数字化并向馆内读者开放(著作权人明确声明不允许通过信息网络传播的除外)。公共图书馆的法定许可使用制度应当以补偿金制度为核心,优化配置版权资源,科学分配版权利益。一方面使著作权人的绝对权利降格成为一种获得合理报酬的权利;另一方面采取合理措施使公众利用作品的行为受到限制,可以在充分调研版权市场情况的基础上,结合公共图书馆数字文献资源的点击量及用户的使用方式,制定一个既具有相对稳定性,又具有一定灵活性的法定许可收费标准。②

第二,赋予公共图书馆馆际互借的权利。馆际互借可以让公共图书馆互相利用彼此的馆藏资源,进一步加强资源共享,扩大资源总量,形成规模效益,有效扩充全国各级公共图书馆的数字他资源,避免重复建设造成人力、物力、财力的浪费。馆际互借的宗旨在于合理利用资源,服务读者,与此同时,为了避免给著作权人的权利造成严重损害,需要对馆际互借进行一定程度的限制,如数字资源不得复制、储存,馆际互借不能用于商业用途等。

第三,规定技术保护措施的例外。虽然《信息网络传播权保护条例》中规定了技术保护措施的合理限度,但是其许可的范围过于狭窄,没有考虑公共图书馆的合理使用问题。例如,部分著作权人通过技术保护措施,以不同价格授予购买

---

① 王果,张立彬. 挑战、困境与化解:数字环境下我国图书馆合理使用条款及其适用的再探讨 [J]. 图书情报工作,2019,63(10):5-11.

② 王艳梅,俞悦. 公益性数字图书馆建设中的信息网络传播权授权问题研究 [J]. 情报科学,2015,33(04):64-68.

者不同的权限,使得首次销售原则归于无效,如每次阅读付款,一件作品只能被复制一次,只能在一定的时间内使用作品,只能在一台计算机上使用等措施。凡是使用版权作品的行为,无论合法与否,技术措施一律予以禁止,这就严重妨碍了合理使用制度的顺利实施[1],将影响公共图书馆用户对于数字资源的使用,亦不利于公共图书馆的数字化发展。

5　结语

肩负着传播知识与文化任务的公共图书馆,在提升其数字文化产品供给与服务能力时,应在充分尊重著作权人的信息网络传播权的同时,尽到合理注意义务,采取一些措施避免陷入侵权纠纷之中。第一,在与第三方签订数字资源采购合同时,应严格审查第三方的资质及依法获取著作人授权的证明文件,明确存在责任承担主体;第二,要严格履行"避风港原则"和"红旗原则"赋予网络服务提供者的法律义务;第三,应尽可能地主动采取技术措施防范侵权风险。

与此同时,面对数字资源提供商的垄断地位和经济优势,我们理应对公共图书馆多一些包容,通过赋予公共图书馆可以将馆藏的图书资料数字化并向馆内用户开放的权利,赋予公共图书馆馆际互借的权利,更好地助力公共图书馆数字化转型发展,促进公共文化服务体系建设。

---

① 范春雪. 数字图书馆版权合理使用制度的立法完善 [J]. 河北法学, 2019, 37 (07): 177-184.

市场因素在游戏直播合理使用认定中的适用性分析

——"网易诉华多"案

内容提要: 广东省高级人民法院对"网易诉华多"案做出判决,其中双方就网络直播游戏画面的行为是否构成合理使用产生争议。二审法院判决认为,游戏直播行为不属于对游戏连续动态画面(属于"以类似摄制电影的方法创作的作品")的合理使用,并维持一审法院的判决。游戏直播作为新业态,冲击了传统司法的认定规则,要回答游戏直播者与游戏直播平台是否实施了著作权侵权行为并应承担相应的侵权责任这一问题,在对直播行为进行定性后,是否构成著作权法意义上的合理使用就成为关键。著作权存在的本意并非是要将对于作品形成做出贡献的所有因素进行全面保护。在当前新型游戏直播市场迅速发展的情况下,正确选择因素适用权重,回归以市场为中心的判断路径,合理且妥善的适用合理使用规则,是著作权制度在当前新业态中快速成长并保持活力的重要途径。

1 案情简介

此前,广东省高级人民法院在引起业界广泛关注的"网易诉华多"[①]一案中认定:游戏直播行为不属于对游戏连续动态画面(属于"以类似摄制电影的方法创作的作品")的合理使用,并维持一审法院的判决。在该案中,原告网易公司是游戏"梦想西游 2"的著作权人,被告华多公司未经原告许可,组织游戏主播在其运营的直播平台直播"梦想西游 2"。针对合理使用的问题,双方的争议焦点在

---

① 广东省高级人民法院(2018)粤民终 137 号民事判决书。

于网络直播游戏画面的行为是否构成合理使用。在一审中,华多公司认为游戏直播属于在网络环境下个人学习、研究和欣赏的方式,也属于为了介绍、评论该游戏而展示游戏的行为,直播行为没有影响权利人的利益,反而促进了权利人的利益。网游直播无须授权,不存在游戏直播的许可市场。在二审中,华多公司认为合理使用抗辩并不限于《著作权法》第二十二条规定的十二种情形,直播游戏的主播不以营利为目的,而是自我展现和社交性表达,直播游戏画面构成对游戏的"转换性使用",游戏直播不会替代游戏本身,反而会促进游戏行业的发展。

2 "四因素"权重考量在游戏直播合理使用认定中的适用性分析

由于《著作权法》中合理使用规定具有原则性,所以在司法实务中为了解决此类问题,通常概然适用美国版权法中的四因素判断方式,并将多因素综合考量中的"因素"错误地解读为"构成要件"。由此导致的结果是,其中部分因素经法院判断认为不属于合理使用,然而在对四个考量因素综合认定后,导致最终仍可能构成合理使用。尽管在某些判决中已经运用四因素进行案件分析,但并未形成明确的认定思路,即对其如何适用尚缺乏详尽阐述。故而,为保持案件审理的严谨性,有必要在适用合理使用四因素时明晰其定位,结合案件情况判断各因素之权重。

2.1 著作权合理使用认定的司法路径

目前著作权合理使用的司法路径大致有四种:一是基于"三步检验法"的认定方式,主要是以《著作权法》第二十二条与《著作权法实施条例》(以下称为《条例》)第二十一条作为法律依据,逐一审查是否属于已有法律规定的特定情形、是否会对作品的正常使用造成影响、是否会不合理地损害著作权人的合法权益;二是基于两步法的认定方式,主要以《条例》第二十一条作为法律依据,不拘泥于是否属于《著作权法》所规定的认定情形,而是重点判断是否会影响作品的正常使用与是否会不合理地损害著作权人的合法权益;三是在《最高人民法院关于充分发挥知识产权审判职能作用推动社会文化大发展大繁荣和促进经济自主协调发展若干问题的意见》第八条规定的基础上,又将上述"三步检验法"进一步细化,其规定:"在促进技术创新和商业发展确有必要的特殊情形下,考虑作品使用行为的性质和目的、被使用作品的性质、被使用部分的数量和质量、使用对作品潜在市场或价值的影响等因素,如果该使用行为既不与作品的正常使用相冲突,也不至于不合理地损害作者的正当利益,可以认定为合理使用。"可以说,该意见在一定程度上本土化了美国司法实践中的"转换性使用"因素;四是基于转换性使用的认定方式,我国法院在进行案件审理的过程中,也引入了该种思路进行判断,但正如学界所讨论的,如何进行本土化适用还尚需理论与司法实践的探讨与摸索。

具体到游戏直播这一新业态中出现的个案,法院更倾向于从"四因素"这一认定标准进行判断,这似乎与当前理论界讨论较多的合理使用的适用性问题有一定联系,但在引入这一因素衡量体系过程中也应保持清醒的头脑,对合理使用认定考量因素的适用分析界定合适的概念性外延。

2.2　合理使用认定的考量因素与构成要件之辩证

在适用美国版权法四因素时,需要首先厘清考量因素与构成要件在适用上的差异,法院在审理个案中可通过构成要件对具体行为进行判断,但是考量因素的适用则更多地需要法官结合个案进行衡量,并非对所有因素进行比重均等的考量,而是需要结合个案情况加以取舍或侧重。此处所提到的诸多因素综合考量,是从整体角度出发,意味着并非所有因素在适用中都要被考虑到,无主次之分,且不宜生搬硬套,同时这也不是一种穷尽式的列举范式,在司法实践中,法官可根据特定个案对考量因素予以适当增添,相对灵活;比较而言,"构成要件"是法律关系发生变动时必须具备、缺一不可的条件性范式,由法律明文规定,法官即便在特定个案中也不得进行任意更改或增减,相对固定。显然,二者之间存在天壤之别。① 就此而言,若单纯认为只要将这四个因素与案件本身结合进行逐一分析就可以得出正确结论似乎就略有偏颇,最后或许导致陷入左右为难的境地。美国版权法中的合理使用四因素的判断并非是构成要件式,而是对司法案例的类型化概括,是对合理使用的总体描述,因此,在个案中出现个别因素的缺失也并不影响对合理使用的认定。倘若在案件中出现两个因素"合理"和两个因素"不合理"的情形,如果对各因素的衡量不区分权重,则将会发生不知如何判断的

---

① 熊文聪. 网游直播"合理使用"辩［EB/OL］. https://mp. weixin. qq. com/s/C2oeyKYNU e4M1NS7emSaNQ, 2018-02-22.

问题。① 故而，为保持案件审理的严谨性，有必要在适用"合理使用四因素"时明晰其定位，结合案件情况判断各因素之权重。

2.3 合理使用"四因素"司法认定的权重性考量

目前，从司法界到理论界，对合理使用"四因素"各自权重的争论从未停止。美国法院在适用合理使用四因素的判断中，通常将第二与第三个因素视为辅助性因素，主要是对另外两个因素的辅助解释与适用；而第一与第四个因素则是判断是否是合理使用的关键。审理谷歌图书计划案的法官就侧重于第一个因素，即"转换性使用"；而在 Harper 案中，联邦最高法院则强调第四个考量因素，即"市场"因素。合理使用的判定因素之间并非是一种简单的累积关系，需要法院整体上对各因素在适用案件中进行考量。任何一个因素的比重因案件事实的不同而有所区别，在进行综合衡量之后，才能达到在实质层面上判断合理与否的效果。② 有学者指出，第四个因素已经被第一个因素所替代，仅从是否构成转换性适用这一因素加以判断即可。本文对此持否定态度，对游戏直播是否构成对游戏画面的合理使用这一问题的探讨，本身并未否认对转换性适用这一因素进行本土化适用探讨的合理性，但因此否认市场因素的地位似有不妥。

国内研究中，有的学者倾向于从"转化性使用"这一因素出发，对是否构成合理使用进行分析，即注重分析是否具有"转化性"的目的与效果③，有的学者则是主张从四个因素出发进行分析，视作构成要件进行对比验证；也有的学者转向其他方向寻找答案，从利益分配的角度出发，认为合理使用即为对著作权进行限制的一种规则，其本质还是利益再分配机制，故解题方案仍需回到经济学中找寻；④ 抑或从政策角度进行分析，就自然权利理论与功利主义理论得出游戏直播构成合理使用更利于直播行业文化的发展。⑤

司法实践中，以"网易诉华多"一案为例，法院则是对四个因素进行了逐一分析。不可否认，这种事无巨细的说理方式会显得更加全面，但却不符合对因素本身分析的轨迹。在适用合理使用四因素时，应当结合案件情况对因素的适用

① 袁锋. 论新技术环境下"转换性使用"理论的发展 [J]. 知识产权, 2017（08）: 42-57.

② 陈潇婷, 聂欣妍. 美国著作权合理使用制度评析 [J]. 中国出版, 2019（23）: 60-65.

③ 王迁. 电子游戏直播的著作权问题研究 [J]. 电子知识产权, 2016（02）: 11-18.

④ 熊文聪. 网游直播"合理使用"辩 [EB/OL]. https://mp.weixin.qq.com/s/C2oeyKYNU e4M1NS7emSaNQ, 2018-02-22.

⑤ 谢琳. 网络游戏直播的著作权合理使用研究 [J]. 知识产权, 2017（01）: 32-40+45.

加以衡量,使其符合因素本身存在的合理性,而非片面地将之视作构成要件进行全面分析。

3 市场因素之游戏直播合理使用认定的诉求

考量合理使用四因素在游戏直播合理使用中的适用权重,需对合理使用四因素中的"转换性使用"与"市场"因素进行深入分析。在美国司法实践中,随着对合理使用判断标准的摸索,其"逐渐将转换性"使用作为认定的主导性标准,在我国《著作权法》相对封闭的规定之下,学者们一般倾向于对新型使用问题援引美国合理使用四因素的"转换性使用"作为重要的理论依据。论及"转换性使用"的案件,其本质上是为了解决市场失灵或补贴公共利益[①],且在四因素衡量中,"市场"始终为最终的判定因素。结合当前游戏直播这一新业态产生的背景,"市场"这一因素的判定适时回应了游戏直播著作权侵权认定的诉求。游戏直播著作权侵权纠纷的出现,在市场层面上主要表现为游戏市场与游戏直播市场之间的利益失衡,而游戏直播市场的出现对原有制度产生冲击。如上所言,《著作权法》中封闭式的制度规定难以适应这一新业态的发展,使得两个市场之间的纠纷难以被妥善解决。以市场因素为中心的判定路径的出现,即为游戏直播著作权纠纷解决之诉求。

3.1 游戏市场与游戏直播市场的博弈

对于游戏类型的划分一般有三种,即竞技性游戏、线性游戏与交互性游戏。事实上,对这三种游戏类型的划分主要是从游戏存在方式出发进行的界定。而在司法实践中,将其划分的目的在于判断游戏直播是否会对原作品产生负面影响,基于此目的,可从游戏呈现内容上进行区分,如此可以更为直观地加以判断。

就竞技类游戏与剧情类游戏而言,其在呈现效果上有所不同。对于非竞技类的剧情游戏而言,主要是通过呈现的剧情或画面来吸引用户,在这种情况下,其实会容易让人们产生游戏直播画面与电影直播画面类似的视觉效果,玩家对此类游戏画面进行直播,可能会破坏潜在用户的新鲜感。因此游戏直播是否构成合理使用。一概而论的做法并不妥当。将游戏直播的情形进行划分,并从市场角度进行探讨是否适用合理使用抗辩,是更为理性与务实的路径选择。由于

---

① 谢琳. 网络游戏直播的著作权合理使用研究 [J]. 知识产权,2017(01):32-40+45.

游戏类型的多样化,游戏直播对游戏画面的利用程度存在差异,但游戏画面这一元素仅处于辅助性地位,且在转换性程度较高的情况下,宜结合是否存在市场替代等其他因素进行分析,此时具有认定合理使用抗辩的可能性。

从产业利益的角度判断游戏直播行为是否构成合理使用时,关注的重点在于:一是游戏直播市场是否属于游戏市场的潜在市场,并进一步分析若将游戏直播行为定性为合理使用,是否会对游戏著作权人的经济利益造成损害,且这种损害通过其他市场渠道也难以得到弥补,而市场因素是衡量创作者是否具有足够创作激励的重要标准。从知识产权功利主义的角度进行分析,产权收益与创造激励之间也并非一定是正相关的关系,即允许游戏厂商对直播行为进行收费、基于额外经济激励的做法,也未必一定促使厂商创作更多游戏。[1]游戏厂商在提出诉求时,通常会认为游戏直播市场是游戏市场的潜在市场范围,而在回答这一问题时易陷入循环论证的困境,即将发放版权许可、收取许可费本身视为作品潜在市场价值的体现,进而认为只要剥夺版权人发放许可的机会,就被认为涉及损害市场价值。[2]况且从市场运作现状来看,游戏著作权人并不会由此失去相应的创作激励,主要的盈利模式并非来源于直播与二次创作。故而,在最终认定游戏直播著作权合理使用时,基于"使用对作品潜在市场或价值的影响"这一市场因素为主进行分析,更加契合两方市场的利益诉求。

3.2 游戏直播新业态的出现冲击原有制度的可适性

我国《著作权法》第二十二条规定了合理使用的十二种法定情形,并采取封闭式的立法模式。在《条例》第二十一条对其予以进一步限制,即对不经允许使用他人作品的限制性规定。[3]一般认为,《条例》第二十一条是对《著作权法》第二十二条的进一步限制。这就导致我国著作权合理使用制度十分粗糙,无法解决诸如游戏直播这类新业态的出现而产生的相应问题。在此前,2014年《著作权法(修订草案送审稿)》引入了合理使用的开放式条款,进一步给法院释放了积极信号。对比来看,公布的《著作权法(修正案草案)》对合理使用的判断标准有所收紧,草案第二十二条不仅没有增加概括性或兜底性的合理使用条款,反而还增

---

① 谢琳. 网络游戏直播的著作权合理使用研究 [J]. 知识产权, 2017(01): 32-40+45.

② 崔国斌. 认真对待游戏著作权 [J]. 知识产权, 2016(02): 3-18+2.

③ 参见《著作权法实施条例》第21条,其中进一步规定:"依照著作权法有关规定,使用可以不经著作权人许可的已经发表的作品的,不得影响该作品的正常使用,也不得不合理地损害著作权人的合法利益。"

加了两个合理使用的限制条件。在与国际接轨方面,从目前签订的国际条约来看,立法模式都是采用"概括性＋列举式",而我国现行的《著作权法》采用的列举式是穷尽式列举。现有技术的发展带给合理使用制度新的挑战及不同于以往的利益平衡的探究。部分学者也提出建议,在合理使用条款中增加"其他情形",作为目前列举的十二种特定情形的兜底条款。虽然新业态下某些情形并未包含其中,但回归利益平衡的角度,此时仍应予以救济。在立法中,有关著作权合理使用的规定应当为司法中的个案问题或新业态下的特殊问题留有一定的空间,因此,广东高院《关于网络游戏知识产权民事纠纷案件的审判指引(试行)》中的合理使用判断标准值得参考。

从"四因素"的认定方式来看,考量因素清楚明了、便于应用是其主要优势,以相关考量因素作为细化补充,在体系上更有助于认定合理使用标准的规范化。在我国《著作权法》相对封闭的规定之下,学者们一般倾向于对新型使用问题援引美国合理使用四因素的"转换性使用"作为重要的理论依据。在引入转换性概念时,不应仅局限于其概念本身,而应当在司法实践中,驱使法院在做出构成"转换性使用"判断时追问其背后的实质原因。此前已有学者研究指出,在我国"转换性使用"的司法实践中,存在着"对转换性使用"体系认知不足、释法路径不当,以及体系不畅的现实问题。① 著作权"转换性使用"存在适用上的本土困境,"转换性使用"的安置问题需要借助合理使用分析的一般规则。有学者对此提出,需要一个更加灵活且有效的合理使用分析的一般规则,从而确保"转换性使用"的司法适用范围与界限,进而才能充分释放出"转换性使用"既有的功能与价值。"转换性使用"的本质意义在于对原有市场和新生市场的界分。② 较之转换性概念,更好的解释方式是通过衡量二次创作的作品对原作品的市场是替代还是补充,替代的关系更易对原作品市场产生负面冲击,影响原作品市场的扩大;而补充关系应当作为游戏直播市场转换问题的考虑,即原作品市场对游戏直播市场本身的贡献率较低,而新兴游戏直播市场催生了独立的客户群体,是属于著作权人预期之外的市场,而失去这部分市场在客观上并不会对著作权人的创作动力造成实质损害。况且,进一步对游戏直播市场进行考量可以发现,其对原作品市场的替代性考量本身就是一个伪命题,因为产生根源就在于预设了著作权人的游戏市场仅存在买卖游戏软件这一单一市场。

---

① 孙松. 著作权转换性使用的本土路径重塑 [J]. 电子知识产权, 2020(02): 21-29.
② 谢琳. 网络游戏直播的著作权合理使用研究 [J]. 知识产权, 2017(01): 32-40+45.

3.3 司法认定中对市场因素的突破性适用

在司法实践中,法官通常都会通过适度的司法介入来灵活处理合理使用制度的闭合或僵化问题,以柔性司法来弥补立法构造中的技术性缺陷。[①] 法官在审理案件时,面临着数字与网络技术的不断发展,固有的法条难以应对现有的实践问题,僵硬且严格的传统标准使用方式在一定程度上会限制合理使用制度的价值,压缩未对著作权人利益造成实质损害的作品的利用空间,故而正如"网易诉华多"二审中提到的,尽管游戏直播行为不属于法律明文规定的合理使用情形,但是构成合理使用的情形不限于法律的明文规定。法院在面对新业态中出现的问题时,多采取开放式态度认定合理使用,当然不同法院考虑的重点有所不同,有的倾向于适用三步检验法,有的倾向于适用美国四因素,还有的法院引入了"转换性使用"的概念。

TVEyes 案中,美国第二巡回上诉法院就认为 TVEyes 的服务模式的成功说明了富裕的消费者愿意为一项服务付高昂的费用,以便他们能够用这项服务搜索并查看选定的电视剪辑,该市场的价值总计数百万美元。因此,对电视内容进行这种方式的处理是存在市场的,当 TVEyes 允许其客户在没有得到 Fox 许可的情况下观看 Fox 拥有版权的内容时,应考虑 TVEyes 的服务是否获取了 Fox 的潜在收益。简而言之,TVEyes 剥夺了 Fox 作为版权人应当享有的收益。这一案例与谷歌图书馆一案相似,但是法院最终认定,其他三个法定因素都有利于 Fox 公司的情形下,做出不构成合理使用的结论。这种法院更主动地对著作权人市场影响进行考量的情况,也有助于解决"转换性使用"滥用带来的谜思。[②] 市场因素判定标准,不仅可以为著作权人提供有效的创作诱因,且具有司法适用上的一致性与可操作性。我国在 2015 年以后的某些案件中,逐渐开始引入转换性使用,但美国版权法中的转换性使用本身存在解释上的困境,导致在适用时存在模糊性,转而回归以市场为中心的判定路径,这不仅符合游戏市场与游戏直播市场的利益诉求,亦在司法上减少了案件的分析难度,以免出现对判定标准认定不一从而导致的同案不同判的问题,从这一角度来看反而更不利于游戏市场本身的发展。

[①] 李杨. 著作权合理使用制度的体系构造与司法互动 [J]. 法学评论, 2020, 38(04): 88-97.

[②] 刘水美. 扩张合理使用目的法律适用新规则 [J]. 知识产权, 2019(08): 63-73.

4　市场因素在认定游戏直播合理使用中的具体适用

游戏直播是否构成合理使用回应着著作权侵权与否的问题,由上述游戏市场与游戏直播市场之间的密切关系、现有制度的不适及司法实践的突破性认定标准的适用,这一问题的答案也呼之欲出,即"市场中心"因素在认定游戏直播合理使用的重要地位。美国版权学家、历史学家莱曼·雷·帕特森指出,"法院通常将这条(即第四项原则"使用对作品的价值或潜在市场的影响")视为最重要的"。① 在分析电子游戏直播行为是否构成合理使用情节时,应重点考量第四项因素,即以市场因素为中心的判定路径。

4.1　回归以市场为中心的判断路径

认定合理使用时,不应一味注重是否属于"转换性使用",而应适时回归对市场因素的考量,归于以市场为中心的合理使用判断路径。这一思路并非摒弃著作权合理使用的其他认定路径,只是从市场角度加以判定更加符合游戏直播行业的特殊性,也保证司法适用上的一致性。况且由于著作权行使产生的经济利益在事前无法加以确定,此时只能依据该使用行为是否对原作品既有市场与潜在市场产生消极影响加以判断。

由于行使著作权所产生的经济利益无法在事前加以确定,只能根据使用行为是否对原作品既有市场和预期市场产生消极影响来判断。

首先,从市场角度本身进行分析,游戏直播市场与游戏市场并不会产生冲突。促进游戏产业与游戏直播产业的协调发展,当然需要保护游戏软件著作权人基于软件版权所享有的合法权益,同时也应当注意到知识产权劳动价值论在证明玩家独立权利中的合理性,对玩家发展成为"积极创造者"应保持相对开放的心态,需要正确界分著作权人的市场边界,限制游戏厂商不合理地将控制权延伸至游戏直播产业,适时承认游戏直播对游戏而言具有一定的广告效应,游戏厂商应当保持谦抑性。

其次,"转换性使用"实为公共利益补贴和市场失灵的体现,且在四因素衡量中,市场始终为最终的判定因素。有学者总结提出,一种使用作品的行为越是具有转换性,其对原作品市场的影响就越小,相较于"市场影响"因素,"转换性

---

① 莱曼·雷·帕特森,斯坦利·W·林德伯格 . 版权的本质:保护使用者权利的法律 [M]. 北京:法律出版社,2015.

使用"这一因素似乎更有助于实现版权人与公共利益之间的平衡。然而,"转换性使用"只是在判断游戏直播是否属于合理使用过程中的一个重要因素,且游戏直播构成"转换性使用"也不必然就得出符合合理使用的结论。如学者提出的假设,当竞争性使用高于转换性使用,从而导致产生了相互竞争和替代关系并对潜在市场造成负面影响时,此时显然并不构成合理使用。① 对市场因素进行再分析之后,就会清晰该因素与"转换性使用"之间存在本质区别,尽管从"转换性使用"这一因素亦能判断出游戏直播是一种合理使用的行为,但较之"转换性使用"这一因素的模糊性判断,市场因素更符合游戏直播这一新兴产业的存在形态,"转换性使用"实为公共利益补贴和市场失灵的体现,在四因素的判断中,市场因素应当是最终的判定因素。②

再次,从司法判断标准来看,通过判定游戏直播是否具有功能上的转换性较为抽象。故而,相较于"转换性使用"这一因素的单一适用,直接从市场角度进行分析更具确定性与可衡量性。明确网络游戏的潜在市场界限,分析占据主导地位的使用特性对潜在市场的影响是一关键环节。从游戏直播市场新业态发展的公共利益这一角度出发,若单一认为游戏直播市场是原作品市场,即游戏市场的单一潜在市场,则会导致游戏著作权的权利边界过于宽泛,难免出现游戏著作权人利用相对控制权进行竞争可能性。基于此,判断构成合理使用更能够促进游戏直播产业的自由竞争和发展。

4.2 司法认定中对市场因素的适用建议

衡量游戏直播是否会对原有游戏市场的造成实质性替代这一因素时,关键不在于游戏直播是否会抑制或破坏原游戏产品或其衍生品的市场,而在于游戏直播是否会篡夺游戏市场,从而产生市场替代效果。如果在行业发展中,该潜在市场本身就无法形成许可市场,著作权人即原游戏厂商就没有承受所谓的实质性市场的损害后果。简言之,关键在于判断潜在市场损失程度及形成相关许可市场的难易程度。

首先,以问卷调查及游戏类型化分析大致判断潜在市场的损失程度。一方

---

① 张鑫."互联网+"背景下网络游戏直播中的合理使用问题研究[J].电子商务,2019(11):26-27.

② 谢琳.论著作权合理使用的扩展适用——回归以市场为中心的判定路径[J].中山大学学报(社会科学版),2017,57(04):162-174.

面,在具体司法实践操作过程中,可以适当认可被告方提供的问卷调查作为参考。就"网易诉华多"一案来说,华多公司也提交了问卷调查,用以证明游戏直播对玩家玩游戏这一行为并不具有替代性,但是法院并未对此做出分析。对于这类新型著作权使用问题,回归到市场本身的要求层面上更易做出分析,所以这类证据应当是具有可考量性的。另一方面,应进行不同游戏类型市场的差异性分析。之所以要进行类型化分析,主要是由于不同类型的游戏直播其对原有游戏市场的影响存在差异,不同游戏类型的操作模式有所不同,留给玩家的创造空间存在差异。竞技性和交互性游戏吃直播有较大的合理使用空间,而剧情类游戏的直播难免会使剧情提前曝光。故而,在具体个案的审理过程中,可结合当前游戏直播所涉的游戏类型进行界定,从而判断是否符合合理使用。

其次,对潜在市场的判断也应考查游戏厂商是否做出开发游戏直播的规划。在第二期互联网版权沙龙中,杨明教授提出对潜在市场影响的判断涉及上游市场与下游市场的关系,以游戏玩家数量曲线、直播平台用户数量曲线、游戏充值数量曲线三个曲线的周期波动具体判断对潜在市场的影响大小。短期来看,直播平台可以提高游戏的知名度;长期来看,游戏直播可以刺激玩家在游戏售后市场中的消费。[①] 从另一角度来看,这种周期式曲线的变动也可以经由判断游戏厂商是否已经做出了未来会进军游戏直播领域的具体规划,若游戏厂商在设计游戏之初业已准备进行相关游戏的直播,此时在判断被告是否构成合理使用时,或许会使其处于不利地位。进一步而言,在判断对潜在市场的影响时,还需要原告提供相应证据证明这部分潜在市场的确存在,且已受到一定市场竞争的不利影响。

再次,结合游戏厂商同意许可的可能性与交易成本判断许可市场形成的难易程度。游戏厂商同意许可的可能性越低,此时游戏直播平台能够通过许可进行游戏直播的交易机会越少,此时从游戏厂商与游戏直播平台利益平衡的角度,即对著作权限制的角度来看,可以进行合理使用。进一步而言,当交易成本过高且必要性较低的情况下,构成合理使用的可能性越高。结合当前游戏直播迅猛发展的背景,游戏直播平台获得许可的成本计算标准难以确定。游戏直播具有以"流量为王"的特殊性,流量获取来源大多来自游戏主播的直播活动,而不同级别的主播所带来的流量存在很大差异,且结合上述对不同游戏的类型化分析,可见其交易成本较大,且计算相对困难,法院在进行个案裁量时应根据具体案件的特殊

---

① "第 2 期互联网版权沙龙举行聚焦'网络游戏直播平台著作权侵权责任认定'",[J/oL]. https://news. ruc. edu. cn/archives/285285, 2020-8-22.

情况进行分析。

5　结语

《著作权法》需要平衡著作权人与社会公众之间的利益,合理使用是其主要手段与对策。美国司法实践逐渐转向以"转换性使用"为判定标准,这一概念固有的模糊性在某种程度上契合了其激进的扩张合理使用范围的背景;而我国在游戏直播行业这一新业态出现的情况下,应当采取谨慎的态度。一味地引进"转换性使用"作为唯一衡量的因素在概念解释就上就存在难度,即便是美国司法实践中也尚未形成统一标准;同时,难免存在过分扩张合理适用范围之嫌。比较而言,回归以市场为中心的判定路径在司法认定过程中具有可操作性,且符合游戏市场与游戏直播市场的发展模式与利益诉求,不仅不会对游戏市场本身的创作激励与原有市场规模造成影响,甚至还会借由游戏直播更加了解游戏本身。以市场为中心的判定路径考虑的是潜在市场的损失程度与形成相关许可市场的难易程度,并非游戏厂商认为的存在游戏损失就判定不构成合理使用。

软件各方主体可归责性标准分析

—— "六度公司" 案

内容提要： 移动互联网应用（App）的种类和数量呈爆发式增长，正逐渐成为用户信息数据的主要入口和核心载体，App安全和用户个人信息保护态势愈加严峻，侵害用户权益的事件层出不穷。在信息技术发展日新月异的今天，形态各异的软件数量呈井喷式爆发，其中就夹杂着从诞生之初起就是为不法目的服务的软件，一旦该软件被下载应用，将对社会经济秩序及公共利益造成严重的损害，那么我们应当如何运用法治思维和法治手段对此进行规制呢？

1   案例概述

2018年9月，六度公司委派员工余某（甲方）与许考微（乙方）签订了《合作研发协议书》。因六度公司认为该系统无法使用，修改后仍不具有涉案《合作研发协议书》附件1中所要求的诸多功能，认为许考微已经构成违约，且六度公司现已使用其他系统代替，该协议失去履行的意义，合同目的已无法实现，故诉至法院。

宁波市中级人民法院经审理发现，涉案协议书约定开发的软件，需要用户购买激活码进行注册，并在注册成为会员后，才可以进行购买盟宝、转入盟宝基金、购买盟宝理财、盟宝提现等操作，盟宝还可以在会员间互转或用于商城消费。盟宝用户分为M1～M9等多个等级，根据成功推荐并有效注册的盟宝会员数量的不同逐级进阶，每向上进阶一个等级，均对其有发展下一等级用户的数量要求，且随着等级越高，分享收益的比例亦更高，想要获得丰厚的收益，就要邀请更多的人成为会员，加入团队。软件的发展进阶等级、分级计酬模式，与"缴入门费、拉人头、团队计酬"的传销特征极为吻合。

因此法院认为,《合作研发协议书》涉嫌传销,违反法律、行政法规的强制性规定,应属绝对无效。在六度公司具有明显主观过错的情况下,其基于非法原因向许考微给付的款项不能产生民法上返还的法律后果,并且制作决定书,对许考微在合同履行过程中收取的软件开发款 91000 元予以收缴。①

近年来,新技术的开发应用于传销行为的软件等违法行为渐渐涌现,且具有相当的技术复杂性和隐蔽性,一旦该软件被下载应用,将对社会经济秩序及公共利益造成严重的损害。法院为倡导遵守法律、行政法规的法律精神,发挥司法裁判价值导向和社会指引功能,通过个案的处理表明了司法对此类行为的否定态度。在信息技术发展日新月异的今天,各类软件的开发层出不穷,其中也夹杂着不少以违法为目的的软件,那么我们应当如何通过运用法治思维和法治手段对违法软件的开发进行干预呢?

2 技术是否真的是"中立"的?

许考微认为,其并不知悉涉案软件涉嫌传销,只是将其当作一般的软件进行开发,并为此付出了劳动,不应返还首付款。然而,六度公司委派员工余某则明确表示,其在系统开发过程中,发现该系统通过用户充值换取虚拟货币及通过拉人头的形式获取不同的利益分成,与传销组织的模式很像,并因此从六度公司离职。委派员工在验收时尚且能发现该系统带有传销色彩,为何许考微作为软件开发者却不能发现其中的猫腻?其中缘由我们不得而知,也不可妄加猜测,但是,网络技术提供者动辄就以自己仅仅只提供技术来进行抗辩的现象不胜枚举。如韩寒诉百度文库一案,百度公司将技术中立原则作为自己的抗辩事由;"快播案"之中,被告人及其辩护人提出了技术无罪的辩护理由。

技术中立原则,又被称为实质性非侵权用途原则,是在 1984 年由美国联邦最高法院在"索尼案"中确立的,即产品提供者知道可能会有人使用该产品去侵权,但是也不能仅以有用户使用该产品侵权为由,推定产品提供者具有主观过错。②技术提供者间接侵权该如何认定?前后历时八年的"索尼案"中确立的技

---

① 宁波市中级人民法院(2019)浙 02 民初 30 号判决书。

② 徐亚文,蔡葵. 技术创新引起的法律难题及解决路径——对快播、网约车营运等案的思考 [J]. 河北法学,2017,35(05):14-21.

术中立原则,为技术提供者间接侵权提供了豁免条件,其作为一种保护技术创新的理念,之后开始被运用于处理产品提供者的版权责任,这使得技术中立原则在不同案件中具有不同的表现形式,如移动设备制造商的"设备中立"、搜索引擎服务提供商的"搜索中立"等。①

技术是否真的是"中立"的?爱因斯坦曾说:"科学是一种强有力的工具,怎样用它,究竟是给人带来幸福还是带来灾难,全取决于人自己,而不取决于工具"②。笔者认为,从客观角度来说,技术本身无善恶,但是,人作为技术的使用主体,决定了技术本身就负载着特定主体的价值观,除了具有自然属性的中立性外还具有社会价值,因而,技术在法律层面上并不是中性的,可以对技术的善恶进行价值评价。不可否认,技术中立原则在互联网发展初期具有一定的现实合理性,从某种意义上来看,技术中立、监管缺失,的确成就了中国互联网经济的繁荣。比如,如果滴滴打车软件一投入市场便要求其下架,那么消费者也不会拥有如此方便快捷的出行方式。技术的自然属性使得其本身不具有自主倾向性,但技术的社会属性使其不可避免地具有一定的缺陷,无法满足社会发展的所有需求,因而,需要为技术的自主创新保留一定的空间。但是,我国互联网技术发展至今,已经进入高速发展时期,而非早期的野蛮生长期。比如,AI 技术的发展正深刻影响着人们的生活,换脸软件爆火的背后,隐藏的是刷脸支付的重重危机,是普通人一不小心成为涉嫌色情淫秽视频的主角或一不留神就被不法分子恶意贷款。新兴技术的不确定性、善恶双重用途的特性,在给人类社会带来巨大收益的同时也有可能带来巨大风险,以至于可能会威胁到人类的生存,风险不可逆,因此,立法者和行政管理机关在适当的时间,以适当的方式对技术发展进行干预是完全有必要的。③

近些年来,我国的互联网技术正处于飞速发展阶段,新兴技术影响着人们生活的方方面面,大大拓宽了人们的认知范围,正不断满足着人们日益多样化的生活需求,人们越来越离不开互联网。互联网技术正在以不断加速发展的姿态,改写和重塑人类文明,改变人们的思维认知方式,新技术的运用影响了人们的社会关系,也给法律规则的设计与运作带来了新的挑战。App 种类和数量呈爆发式增

---

① 刁佳星. 知识产权领域技术中立论的解构 [J]. 西安电子科技大学学报(社会科学版),2017, 27(03):67-72.

② 吕本富. 技术和法律的轨道不是平行线——在"快播"问题研讨会上的发言 [J]. 中国信息安全, 2016(02):69-72.

③ 郭鹏. 关于技术中立原则及其反思 [J]. 技术与创新管理, 2010, 31(04):503-506.

长,越来越多地渗透到人们生活、工作的各个领域,正逐渐成为用户信息数据的主要入口和核心载体,App 安全和用户个人信息保护态势愈加严峻,侵害用户权益的事件层出不穷。

首先,软件侵权具有技术复杂性和隐蔽性。国内的互联网产业从 PC 互联网阶段到移动互联网阶段,都有不同程度的"流氓软件"的出现,甚至有些大规模的互联网公司都有"流氓行为",违背用户意志,在不知不觉中侵入用户的终端设备,恶意收集用户信息,恶意捆绑、向用户发送广告或劫持用户浏览器等。[①] 国家计算机病毒应急处理中心在"净网 2020"专项行动中通过互联网监测发现,多款游戏类移动应用存在隐私不合规行为,违反《网络安全法》的相关规定,涉嫌超范围采集个人隐私信息。由于软件侵权具有技术复杂性和隐蔽性,普通用户在缺乏技术支持的情况下,很难发现《流氓软件》侵犯权利的恶意行为,即使发现,也难以在短时间内保存证据,取证难亦是反违法软件诉讼的重大障碍。

其次,传播范围无法得到限制,后果严重化趋势不可避免。由于网络是开放式、交互式的,一旦违法软件被投入使用,那么任何人都有可能接触或传播这些软件。App 恶意收集用户信息、用户信息被随意泄露的情况屡见不鲜,数据一旦泄露,后果不堪设想,用户的银行账户信息、健康、职业等信息都会暴露,也可能会引发大规模的电信诈骗和电信盗窃。近年来,很多 App 都通过提现、优惠的方式,让用户在社交媒体上分享软件下载链接,而我们的网络用户往往经受不住这样的金钱诱惑,从而使得一些软件的下载量陡然剧增,形成一定的规模效应。如部分网贷平台通过各种广告诱惑用户进行下载使用,之后再通过高利贷、审贷黑箱、暴力催收、监管套利等方式谋取不正当利益,导致金融风险不断聚集。2019年 4 月,国家计算机病毒应急处理中心通过互联网监测发现,十款违法有害移动应用存在于移动应用发布平台中,其主要危害涉及资费消耗、系统破坏、"流氓行为"和赌博四类。《移动互联网应用个人信息安全报告(2019 年)》指出"App 用户个人信息安全相关投诉量急剧上升,严重侵犯用户权益、影响产业发展甚至威胁国家安全。2019 年 11 月、12 月 12321 网络不良与垃圾信息举报受理中心共收到用户 App 投诉 4900 余条,投诉内容涉及个人信息收集使用规则、权限申请、个人信息收集、个人信息使用、个性化服务、账号注销等多个方面,其中几类问题尤为突出:账号注销难比例高达到 30%,私自将个人信息共享给第三方的比

---

① 王耀民,许萍丽. 流氓软件问题的法律规制 [J]. 重庆邮电大学学报(社会科学版),2008
(03):52-58.

例为 21%,不给权限不让使用 App 的比例为 14%,超范围收集个人信息的比例为 11%,私自收集个人信息的比例为 7%,过度索取权限的比例为 7%,频繁申请权限的比例为 1%。"[①]

最后,应用安全防护能力不足,用户的利益诉求难以得到满足。由于软件开发行业普遍对于应用的安全防护和个人信息保护不够重视,企业普遍缺少对管理人员和开发人员的安全防护培训,使得软件开发者隐私保护和安全防护意识相对淡薄。在软件开发过程中,大多过分注重业务和性能,从而导致个人信息不安全存储、未加密传输、个人信息未脱敏展示等问题出现。当用户因应用软件遭受到安全威胁、信息泄露时,用户的损害无法得到补偿;普通用户在缺乏技术支持的情况下,很难发现软件侵犯权利的恶意行为,即使发现,取证难、投诉无门亦是用户的利益诉求在网络环境下得到满足的重大障碍。

3 软件开发者可归责性分析

网络发展为社会经济发展和人民生活做出了巨大贡献,不断满足人们的生产生活需求,为创新提供了无限可能,当前,我国互联网技术演变极快,正处于飞速发展的态势,形态各异的软件数量呈井喷式爆发,其中就夹杂着从诞生之初就是为不法目的服务的软件。技术作为工具理性的产物,被软件开发者利用,从而创造出了一片空白领域,软件发挥何种功效都是由使用者支配的,如滴滴打车本是用来方便人们生活、提高私家车辆使用率的,但也产生了一些恶性违法犯罪事件。面对软件开发者创造的空白领域,我们无法过多苛责,但是,面对软件开发者创造的涉嫌违法的新领域,我们是否应当予以制约或惩戒?

此案中《合作研发协议书》中约定的软件明显带有传销色彩,一旦该软件被应用,将对社会经济秩序及公共利益造成严重的损害,宁波市中级人民法院通过个案的处理表明司法对此类行为的否定态度,制作决定书收缴软件开发者的软件开发款。但是,这仅仅只是个案,只不过是由于协议履行问题诉至法院,法院才能对此软件的开发合同进行审查,实际上,网络世界充斥着大量违法软件。如在百度上一输入"洗稿软件"进行搜索,各类一键完成"洗稿"的软件或一键替换文章里近义词的软件纷纷涌现。随着自媒体的迅猛发展,通过"洗稿"抄袭剽

---

① 人民网.移动互联网应用个人信息安全报告(2019 年)[EB/OL] https://baijiahao. baidu.com/s? id=1655493900485438953&wfr=spider&for=pc, 2020-9-12.

窃、篡改删减原创作品的侵权行为日益增多，这种高级抄袭行为严重侵害了原创作者的权利，而"洗稿"软件的存在则让那些怀有抄袭之心的人打开了潘多拉的魔盒。

2009年2月4日，中华人民共和国工业和信息化部第6次部务会议审议通过的《软件产品管理办法》曾规定了软件产品实行登记和备案制度，但是，社会变动不居，互联网技术发展日新月异，这种备案登记的管理模式显然已不符合社会发展的需求，亦不利于技术创新和软件开发。因此2016年，中华人民共和国工业和信息化部又将《软件产品管理办法》废止。回顾整个立法与废止的过程，可以看到我们国家对于软件开发管理的态度，从严格监管到放开市场，一步步释放技术创新活力。在互联网技术飞速发展的今天，若采取严格监管措施，将有可能矫枉过正，阻碍许多实用性软件的开发和软件行业的发展，但是，若不规制违法软件的开发，亦将对社会秩序及公共利益造成严重损害。因此，我国应当兼顾软件开发管理与行业发展的利益平衡，在不抑制技术创新潜力的情况下，规制不法软件的开发。

技术本身无善恶之分，技术创新不可阻挡。技术所具有的工具价值只有在正确的价值观、法治轨道的指引下，才能发挥最佳效益。掌握技术的软件开发者，无异于掌握着软件开发的命脉。[①] 要求软件开发者承担一定的责任，让其开发软件时关注软件用途、关注软件使用可能产生的社会影响，不仅在公共利益方面能够得到支持，从法经济学的角度进行分析也能得到支持。

第一，掌握技术的软件开发者需要承担一定的社会责任。一个违法软件的开发与使用，可能会损害数以万计家庭的幸福，如那些赌博软件使得无数人陷入赌博的泥潭，导致他们血本无归，事业家庭陷入谷底。唯有用人的价值理性圈住唯利是图之念，唯有以法律责任约束软件开发者蠢蠢欲动的双手，才能真正将技术开发引入正途。

第二，软件开发者有足够的能力和地位来阻止非法软件的开发。基于互联网的便捷性与高效性，越来越多的企业会利用网络技术，如手机App、企业系统、小程序等拓展自己的业务；同时考虑到企业用人成本的因素，很多企业不会组建自己的软件开发团队，他们一般会选择专业的外包团队，委托其开发软件。如今，可以说有互联网就有软件开发，有软件开发就有软件外包，因而，软件开发者有

---

① 吕本富. 技术和法律的轨道不是平行线——在"快播"问题研讨会上的发言 [J]. 中国信息安全，2016（02）：69-72.

能力选择其要开发何种软件。技术是工具,软件将发挥何种功效却是由软件开发者决定的,一旦这种软件投放到互联网领域,软件开发者就要对其进行维护和管理,这必然会渗透软件开发者的主观意志。因此,软件开发者有责任具有一定的超前意识,带着前瞻性的思路,客观分析软件的用途,多注意软件是否损害了社会公共利益,是否会破坏社会公共秩序,并主动采取预防措施。[①]

第三,软件开发者主动承担一定的注意义务,可以降低社会治理成本。一旦不法软件被投入市场下载使用,将对社会经济秩序及公共利益造成严重的损害,此时政府再去监管治理,必将投入大量的人力、物力和财力。社会治理与社会管制的区别在于,社会治理充分发挥社会主体的治理作用,不再由政府包揽管理所有事务,从而形成人人有责、人人尽责的社会治理体系。[②]若软件开发者能够积极承担社会职责,拒绝开发违法软件,事先采取预防措施,将有利于促进软件行业的健康有序发展,激活社会自治、自律能量,从而实现治理成本最小化、治理效果最大化。

4   软件开发者的可归责性标准

此案中,由于涉案《合作研发协议书》中约定开发的内容涉嫌传销,违反法律、行政法规的强制性规定,应属绝对无效。合同无效的后果为自始无效,双方当事人不得基于合意行为获得其所期待的合同利益。法院认为,六度公司委托开发的软件涉嫌传销行为,由于该软件尚处于开发阶段即因故涉诉,并未实际投入市场应用,故暂不涉及行政、刑事责任问题。但从结果来看,其自愿支付软件开发款 91000 元表明其能够通过合同的订立和履行获取更高的收益,判令将软件开发款返还六度公司,无异于纵容当事人通过非法行为获益,违背了任何人不得因违法行为获益的基本法理,亦会导致披着技术外衣的各种新类型传销行为不能得到有效遏制。故对六度公司要求返还合同开发款并赔偿经济损失的诉请不予支持。

在六度公司具有明显主观过错的情况下,其基于非法原因向许考微给付的款项不能产生民法上返还的法律后果。而对于许考微,其辩称将涉案软件当作一

[①] 田飞. 技术中立视野下的网络服务商侵权行为研究 [J]. 唐山职业技术学院学报,2014, 12(01):31-35+56.

[②] 张康之. 论主体多元化条件下的社会治理 [J]. 中国人民大学学报,2014, 28(02):2-13.

款普通的软件进行开发并为此付出了劳动,即使合同无效,其仍可依约获得相应费用的主张,表明其缺乏法律意识,仅追求个人利益,法院对此亦不予支持。为倡导遵守法律、行政法规的法律精神,发挥司法裁判价值导向和社会指引功能,同时考虑到本案呈现出运用新技术开发应用于传销行为的软件,具有相当的技术复杂性和隐蔽性,一旦该软件被应用,将对社会经济秩序及公共利益造成严重的损害,需通过个案的处理表明司法对此类行为的否定态度,因此,法院另行制作决定书,对许考微在合同履行过程中收取的软件开发款 91000 元予以收缴。

我国《民法典》第 1197 条规定:"网络服务提供者知道或者应当知道网络用户利用其网络服务侵害他人民事权益,未采取必要措施的,与该网络用户承担连带责任。"虽然该条款并没有明确规定软件开发者作为技术提供方如何承担责任,但是,我们依然可以将此条款作为调整软件开发者法律责任的依据。首先,在互联网领域,软件开发者可能同时也是网络服务的提供者,软件开放者在开发完系统后一般都要提供售后服务支持及管理,如此案中的委托开发合同中也约定了许考微的售后服务支持义务。其次,可以通过扩张解释的方法使得软件开发者承担也相应的义务。因此,软件开发者的可归责性标准应当包括两个方面:一是主观上具有过错,即"知道"或"应当知道";二是客观上具有可归责性,即"未采取必要措施"。

何为"知道"?许考微认为,其并不知悉传销,只是将涉案软件当作一般的软件进行开发,并为此付出了劳动,不应返还首付款。然而,六度公司委派员工余某则明确表示,其在系统开发过程中,发现该系统通过用户充值换取虚拟货币,并通过"拉人头"的形式获取不同的利益分成,与传销组织的模式很像,因此从六度公司离职。委派员工在验收时尚且能发现该系统带有传销色彩,为何许考微作为软件开发者却不能发现其中的猫腻?《民法典》第 1197 条其实来源于《侵权责任法》第 36 条第 3 款的规定:"网络服务提供者知道网络用户利用其网络服务侵害他人民事权益,未采取必要措施的,与该网络用户承担连带责任。"尽管我国早期曾将网络服务提供者主观要求限为明知[①],但逐渐地,尤其是随着《民法典》的颁布,彰显我国已全面承认"应当知道"可以作为其主观过错的标准之一。即软件开发者理应在开发软件前期,具有一定的超前意识,带着前瞻性的思路,客观分析软件的用途,多注意软件是否损害了社会公共利益,是否会破坏社

---

① 徐伟. 网络服务提供者"知道"认定新诠——兼驳网络服务提供者"应知"论 [J]. 法律科学(西北政法大学学报), 2014, 32(02): 163-173.

会公共秩序。

软件开发者的可归责性不仅体现在主观上的"知道",也体现在有能力采取合理措施而故意不作为。如何判定软件开发者是否采取了合理措施呢？蒙内尔教授和尼莫教授认为侵权法中的规则值得借鉴。侵权法中产品的生产者和销售者对损害承担产品责任,产品生产者能够通过更好的产品设计、测试和生产过程中的质量把控减少损害的发生,而当产品设计缺陷所导致的、可预测的损害风险能够通过合理措施所避免时,产品设计过程中的责任规则将有效地促使产品生产者主动采取预防措施,以防止或避免损害产生的风险。[①] 即软件开发者在开发软件时,要采取合理措施规避可能发生的风险。比如,ZAO换脸软件的"霸王条款"规定,"ZAO及其关联公司在全球范围内拥有完全免费、不可撤销、永久、可转授权和可再许可的权利;利用技术对您或肖像权利人的肖像进行形式改动。"在全民声讨之下,公司立马进行了修改,宣传"照片提交上传后,会对照片进行非公众人物验证和肖像权验证,确保符合相关法规才能使用。没有经过自拍验证的照片会有使用次数限制,也无法被分享或下载。"ZAO换脸软件的闹剧揭示了我国软件开发的乱象,软件开发者没有保护用户权利的意识,更无法期望其主动采取措施对用户权利进行保护。为此,我国专门出台了《App违法违规收集使用个人信息行为认定方法》《移动互联网应用程序（App）安全认证实施规则》等文件,监督管理部门也多次开展专项治理活动。然而,在开放式、交互式的互联网时代,仅仅依靠国家的行政监管防范App可能存在的风险略显乏力,还是应当通过赋予软件开发者一定的注意义务,倒逼其主动采取措施防范风险。

5 第三方应用承载平台的审核义务

2014年8月,陆金所在日常安全监控中发现,苹果App Store中存在冒用陆金所品牌和页面设计的客户端并可能误导陆金所的用户后,陆金所多次发函给苹果公司法务部,得到的回复是拒绝下架。11月8日,陆金所在美国当地起诉苹果公司,指控苹果公司涉嫌虚假陈述、不正当竞争、商标侵权及不公平商业行为。陆金所案件引发的网络服务侵权问题十分新锐,时至今日仍需我们思考:第三方应用承载平台是否需要对App负有审核义务？[②]

---

① 梁志文. 云计算、技术中立与版权责任 [J]. 法学, 2011（03）：84-95.
② 李立娟. App应用维权困境 [J]. 法人, 2014（12）：60-61.

App 作为一种特殊的商品,进入市场的途径便是通过手机的应用商店,国内的 360 手机助手、百度手机助手和腾讯应用宝是第三方应用商店的"三巨头",也不乏豌豆荚、酷市场这样的后起之秀。然而,我国的应用软件的分发渠道审核机制不够完善:一是部分平台缺少必要的应用管理机制,未对应用进行审核及安全、服务等相关检测和跟踪监测;二是部分平台虽有应用管理机制,但力度和范围不统一,特别是缺少对老旧应用的审核;三是一些应用通过广告商或信息流分发,缺乏安全检查,无用户信息明示环节,存在静默下载和诱导安装的现象。①

据公开财报显示,腾讯 2017 年第一季度总收入为人民币 495.52 亿元(71.82 亿美元),而 2017 年阿里 Q4 收入为人民币 385.79 亿元(56.8 亿美元),而据移动 App 市场研究机构 Sensor Tower 的最新数据,2016 年第四季度苹果应用平台 App Store 的收入达到 54 亿美元,同比增长 60%,仅这块蛋糕就堪比腾讯和阿里的全部业务收入。苹果公司会要求入驻 App Store 的公司与它们共享一些数据,还会对通过 iPhone 或者 iPad 完成的软件付费行为抽取一定比例的费用。2019 年 3 月,Spotify 向欧盟委员会指控苹果公司违反反垄断法,提出苹果公司对在应用商店 App Store 发行的 Spotify 抽成 30%,而苹果旗下的 Apple Music 却不需要,这使得 Spotify 的竞争力弱于后者。

第三方应用平台作为承载和传播 App 的主要中介,在此过程中获得了大量利益,其理应承担一定的审查义务,对应用进行审核及安全、服务等相关检测和跟踪监测,理当建立健全应用动态监督管理机制。首先,要对软件开发者的真实身份信息进行核实验证并登记管理,以便日后出现问题时可以追踪到违法开发者。其次,要对拟上架的应用软件进行审查,如软件用途是否违反法律规定,是否损害社会公共利益,是否会破坏社会公共秩序,是否存在强制、过度收集用户信息等问题。最后,完善移动应用恶意程序举报机制,建立移动应用恶意程序黑名单,能做到及时下架恶意移动应用。②

---

① 人民网. 移动互联网应用个人信息安全报告(2019 年)[EB/OL]. https://baijiahao. baidu. com/s? id=1655493900485438953&wfr=spider&for=pc, 2020-9-12.

② 王紫薇. App 应用商店行政监管模式构想 [J]. 潍坊工程职业学院学报,2015,28(06):70-73.

6 结语

技术本身就负载着特定主体的价值观,除了具有自然属性的中立性外还具有社会价值,因而,技术在法律层面上并不是中性的。作为掌握技术的软件开发者,无异于掌握着软件开发的命脉,软件开发者有足够的能力来阻止非法软件的开发,使其主动承担一定的注意义务,可以降低社会治理的成本。软件开发者的可归责性不仅体现在主观上的"知道",也体现在有能力采取合理措施而故意不作为方面,可通过赋予软件开发者一定的注意义务,倒逼其主动采取措施防范风险。

云服务提供商的法律责任认定与热点问题探究

——"我叫 MT 畅爽版"案

内容提要：2019 年 6 月 20 日，首例云服务器知识产权侵权案件二审改判，该案对云服务提供商的法律责任认定涉及云计算行业的发展、用户隐私数据安全、"通知－删除"规则的适用范围等热点问题。随着云计算等服务模式与更多的创新和颠覆性技术的应用与发展演化，其中涉及的权利义务调整随之产生适应性问题，权利和责任在"平衡—失衡—再平衡"的动态调整中不断更替，法律责任的边界也经历着"清晰—模糊—再清晰"的过程，而法律本身的滞后性决定了法律责任的认定应在切实保障权利人相关权利及其法律救济途径的同时，兼顾云计算产业的持续健康发展。

1 云服务模式的基础分析

云服务提供商（CSP）是一家为其他企业提供云计算某些组件［通常是基础设施服务（IaaS）、平台服务（PaaS）、软件服务（SaaS）］的公司或个人。我国法学界对 CSP 没有明确界定，通常认为，CSP 是向用户提供云计算服务的自然人、法人或非法人组织。CSP 提供的服务内容包含数据存储功能，但是其与传统的云盘存储并不相同，云服务器的存储是为了数据运算，而非侵权内容的传递。由此可见，云服务主要分为基础设施服务（IaaS）、平台服务（PaaS）、软件服务（SaaS）三类：其中，IaaS 服务提供云计算的基础架构，将可以用的计算资源分配给各用户，包括服务器、存储、网络和操作系统，用户无须购买服务器、软件、数据库空间或网络设备，只要按需求购买这些资源的外包服务即可；PaaS 被定义为一个计算平台，旨在帮助用户快速、方便地创建 web 应用，且无须担心维护下层软件，在 PaaS 模式下，云服务提供商为用户提供在 IaaS 基础上的软件开发和运营平台，用户通常不能管控支撑平台运行的支撑资源,但可对运行环境进行配置,控制自己部署的应用;SaaS 服务被定义为部署在互联网上的软件,通过 SaaS 授权后,可以订阅按需服务,在 SaaS 模式下,用户不管理或控制网络、服务器、操作系统等底层云基础架构,但其可以管理特定应用程序的配置设置。

通过对比分析上述三类主要云服务类型与用户自建计算服务的要素可以看出,IaaS 的目标用户是网络架构师(Network Architects),提供底层服务;PaaS 的目标用户是应用开发者,提供的是各种能力;SaaS 的目标用户是终端用户,提供的是解决方案。

因此,在不同的云服务模式下,基于 CSP 对云服务要素掌控的状态和程度差异(如图 1 所示),用户和平台所承担的责任不同。在用户自有模式下,用户自己维护数据,云服务提供商不参与其中,其对用户毫无控制力。在 IaaS 模式下,云服务提供商并不直接参与用户数据的维护,用户自己对数据进行维护并对数据具有管控能力,因此云服务提供商的控制能力较弱;在 PaaS 模式下,云服务提供商提供了扩容以及容载机制,用户只负责开发程序,但程序需要匹配 PaaS 上的环境,用户通常不能管控支撑平台运行的支撑资源,相较于 IaaS 而言,云服务提供商的控制能力较强,但是,用户可对运行环境进行配置,控制自己部署的应用,数据仍由用户自己掌控,云服务提供商不能直接获取;在 SaaS 模式下,云服务提供商提供的是具体的服务,多租户公用系统资源,资源利用率更高,因此,用户数据交由云服务提供商管控,其对于用户数据具有较强的控制能力。基于对数据的控制能力强弱程度的差异,可以判断不同的云服务模式下,云服务提供商应当承担的责任大小,即在 SaaS 模式下,云服务提供商应承担的责任最大,在用户自有模式下对用户的责任最小。

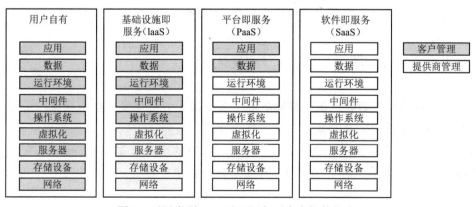

图 1   不同类型 CSP 对云服务要素掌控的状态

2 一审败诉：权利人"先下一城"

2015年，乐动卓越公司发现一款名为"我叫MT畅爽版"的游戏，涉嫌非法复制其"我叫MT online"游戏的数据包，而"我叫MT畅爽版"所属公司租用的服务器正是由阿里云提供。随后，乐动卓越两次致函，要求阿里云删除涉嫌侵权的内容，并提供服务器租用人的具体信息，但未得到阿里云的积极配合。乐动卓越认为，阿里云的行为涉嫌构成共同侵权，就此向北京市石景山区法院提起诉讼，请求法院判令阿里云断开链接、停止服务，向其提供数据库信息并赔偿经济损失。

法院经审理认为：第一，乐动卓越公司是网络游戏"我叫MT online"的权利人，"我叫MT畅爽版"系盗版乐动卓越公司的游戏，且"我叫MT畅爽版"存储于阿里云公司的服务器中。第二，乐动卓越公司的几次通知构成有效通知。第三，阿里云公司作为服务器提供商，虽然其不具有事先审查被租用的服务器中存储的内容是否侵权的义务，但在他人重大利益因其提供的网络服务而受到损害时，其作为服务器的提供者应当承担其应尽的义务，采取必要的、合理的、适当的措施积极配合权利人的维权行为，防止权利人的损失持续扩大。此类措施不仅包括删除涉嫌侵权的作品、内容，也包括向相关服务器租用人询问相关情况、将权利人的投诉材料转达至被投诉的服务器租用人，并根据租用人的反应采取进一步的必要措施。第四，阿里云公司对于乐动卓越公司的通知一直持消极态度，从原告第一次发出通知到诉讼中被告采取措施，阿里云公司在长达八个月的时间内未采取任何措施，远远超出了合理的反应时间，客观上导致了损害后果的持续扩大，被告对此应当承担相应的法律责任。最终法院判令阿里云公司赔偿乐动卓越公司经济损失及合理支出共计人民币261240元。[①]

3 二审改判：阿里云"反败为胜"

一审判决引发轩然大波。法律界高度关注云服务提供商应当承担何种责任，用户数据与隐私的安全则成为全民关注的焦点。按照一审判决，云服务提供商在接到投诉后应当审查用户数据，这将使数以百万的用户数据安全、商业秘密、个人隐私等面临挑战。在此背景下，阿里云公司发出声明表示："对阿里云公司来

---

① 北京市石景山区人民法院（2015）石民（知）初字第8279号判决书。

说,保护用户数据隐私一直是我们坚守的生命线。在这次事件处理中,保护数据隐私是我们的第一原则。作为云服务提供商,我们既没有任何权利去查看用户的信息内容,也没有任何理由去调用用户的数据。只有收到司法部门的正式裁决和通知,我们才会依照法律要求配合司法部门协助调查。即使输掉这个官司,我们今后也不会改变数据安全第一的原则,阿里云公司将捍卫用户数据隐私到底。"

此后,阿里云公司上诉至北京知识产权法院。2019 年 6 月 20 日,首例云服务器知识产权侵权案件二审改判,北京知识产权法院驳回一审原告的所有诉讼请求,判定阿里云公司不承担法律责任。围绕双方争议焦点,北京知识产权法院从案件的法律适用、合格通知的判断标准、云服务器提供者应当采取何种必要措施、阿里云公司是否构成共同侵权及应否承担民事责任等方面做出全面回应。[①]

第一,关于本案的法律适用。云服务器租赁不属于《信息网络传播权保护条例》规定的具体网络技术服务类型,因此不适用该条例,而应当适用《侵权责任法》第三十六条第二款和第三款。

第二,关于合格通知的判断标准问题。"权利人发出的通知不满足法律规定的合格通知要件即为不合格通知,不应对网络服务提供者苛以进一步联系、核实、调查等责任。""如果容忍通知缺少法律规定的要件,并要求网络服务提供者进一步联系、核实、调查,无疑使得法律对通知合格要件的规定落空……在《侵权责任法》对前述问题没有规定的情况下,上述要求必然使得网络服务提供者面临责任承担的不确定性。"

第三,关于云服务提供商应当采取何种必要措施的问题,法院认为,根据阿里云公司提供的涉案云服务器租赁服务的性质,简单将"删除、屏蔽或者断开链接"作为阿里云公司应采取的必要措施和免责事由,与行业实际情况不符。鉴于信息服务业务类型的不同,以及权利人主张权利内容的不同,阿里云公司仅根据权利人通知即采取后果最严厉的"关停服务器"或"强行删除服务器内全部数据"措施有可能给云计算行业乃至整个互联网行业带来严重的影响,并不适当,不符合审慎、合理之原则。在不适合直接采取删除措施的情况下,转通知体现了网络服务提供者"警示"侵权人的意图,从而在一定程度上有利于防止损害后果扩大,可以成为"必要措施"从而使得网络服务提供者达到免责条件。

第四,关于阿里云公司是否构成共同侵权及应否承担民事责任,乐动卓越公司向阿里云公司发出的通知不符合法律规定,属于无效通知,阿里云公司在接到

---

① 北京知识产权法院(2017)京 73 民终 1194 号判决书。

通知后未采取必要措施未违反法律规定。因此,阿里云公司就其出租的云服务器中存储侵权软件的行为不应承担侵权责任。

4 定分止争:云服务提供商责任边界如何划定

4.1 拨开云雾:云服务提供商的法律性质

4.1.1 云服务提供商与网络服务提供者

在《侵权责任法》的起草过程中,针对网络服务提供者的具体含义存在不同的认识:一是认为仅指技术服务提供者,包括自动接入或传输服务、自动缓存服务、信息存储空间服务,以及搜索或链接服务四种类型(即《信息网络传播权保护条例》规定的网络服务提供者);二是认为不包括自动接入或传输服务、自动缓存服务这两种类型;三是认为还应当包括网络内容服务提供者。[①] 基于立法背景分析,《侵权责任法》第三十六条规定的网络服务提供者采广义解释,主要包括两大类主体:第一类是组织、选择信息并通过网络向公众提供的网络内容服务提供者(ICP),其在信息传播中充当"发布者"的角色,类似于出版社、报社、杂志社、电台、电视台等传统媒体,其对信息的控制能力较强,因此其实施的侵犯著作权行为也被认定为直接侵权行为,例如即时通信服务提供者、移动互联网业务服务提供者、综合信息门户的服务提供者、数字图书馆等。第二类是为网上信息传播提供存储或接入、搜索链接、传输通道等技术支持的网络技术服务提供者。

云服务提供商的法律性质认定应根据其所提供云服务的具体功能认定其是否为网络服务提供者。实践中,云服务器的所有者和使用者分离,互联网数据中心业务(IDC)为用户提供专业化服务器托管、空间租用等服务,实质上并不仅是数据服务处理。传统服务器提供商向用户提供的服务主要是服务器租赁、托管、安全维护等,云服务提供商除了向用户提供网络服务器租赁基础服务之外,还可以提供诸如云计算、CDN、数据库、安全维护、大数据应用与分析、管理与监控、云通信、日志邮件等增值应用服务及互联网中间件等。

从控制论的角度来看,云服务提供商是否属于《侵权责任法》第三十六条规定的"网络服务提供者"应分不同情况讨论(PaaS、IaaS、SaaS 三种模式)。例如,SaaS 服务提供者更接近"网络服务提供者",而作为底层服务的 IaaS 层,比如当

---

① 王胜明 . 中华人民共和国侵权责任法释义 [M]. 北京:法律出版社,2013:189.

其仅提供负载均衡、安全防护等技术服务时,不应将其笼统地认定为"网络服务提供者"。概言之,云服务提供商的法律性质及其应承担的责任应根据其提供的服务内容进行具体分析。笔者认为,可以依据以下三个因素来综合判断云服务提供商是否属于《侵权责任法》规定的"网络服务提供者":第一,云服务提供商提供服务的具体内容;第二,云服务提供商对涉嫌侵权内容是否具有直接控制力;第三,云服务提供商直接终止相关服务是否会对其服务的用户和社会公共利益等造成超出制止侵害结果的损害结果。

首先,从提供服务的具体内容层面来看。根据云服务提供商提供服务的类型和方式不同,其既可能是网络服务提供者,从而需要履行"通知－删除"义务及怠于履行义务的法律责任,也可能并不是侵权法律关系当事人而无须承担相关法律义务和责任。当云服务提供商本身提供网站或游戏服务时,其本身既是内容提供者又是网络服务提供者,对侵权行为的发生理应承担直接侵权责任。而如果其仅提供底层的计算、存储和安全防护等技术服务,则其不应被简单地认定为网络服务提供者而承担相应的连带责任。《信息网络传播权保护条例》相关条款的规定亦从侧面反映此种论断,其中对不同服务类型的提供者规定了不同的法律义务和责任,例如,针对信息存储空间和搜索链接服务提供者,规定其承担的是"通知－删除"义务,而对网络自动接入、自动传输、自动缓存服务的提供者,则规定了不同于"通知－删除"规则的法定义务和免责事由。

其次,从云服务提供商是否对信息内容具有控制能力的角度来看。当云服务提供商提供 IaaS 或 PaaS 服务时,由于其本身直接面向网站或应用程序开发商提供底层服务,比如数据中心、服务器、网络、负载均衡、磁盘存储、防火墙等服务,该种类型的服务属于底层技术服务,且受与服务用户签订之协议的约束,云服务提供商无法对网站或应用程序中的内容进行查阅和访问,对涉嫌侵权的内容并无直接控制能力,不应承担相应的法律责任。因此,当侵权行为存在于云服务用户网站或应用程序时,侵权人首先应向相关网站或应用程序开发者寻求法律救济。关于将控制能力作为考虑因素的问题,我国现行法律的相关规定也有所体现。例如,《信息网络传播权保护条例》在对网络服务提供者进行列举时,相关条文也都体现了"直接接触或控制作品"的特征,如第二十条规定"网络服务提供者……未选择并且未改变所传输的作品、表演、录音录像制品……"第二十二条规定"网络服务提供者为服务对象提供信息存储空间……未改变服务对象所提供的作品、表演、录音录像制品……"《最高人民法院关于审理侵害信息网络传播权民事纠纷案件适用法律若干问题的规定》(以下简称《信息网络传播权司法解释》)第九条规定,"人民法院应当根据网络用户侵害信息网络传播权的具体事实是否明显,综合考虑以下因素,认定网络服务提供者是否构成应知……网络服务提供者是否主动对作品、表演、录音录像制品进行了选择、编辑、修改、推荐等……"第十条规定,"网络服务提供者在提供网络服务时,对热播影视作品等以设置榜单、目录、索引……人民法院可以认定其应知网络用户侵害信息网络传播权。"

最后,从制止损害的结果对比来看。在判断云服务提供商是否属于网络服务提供者时,还应充分考虑其是否有能力对损害结果进行制止或者其制止损害结果是否可能对用户和社会公共利益产生损害。如前所述,如果电商平台的底层云服务提供商因为电商平台中一家商户的侵权行为而终止整个电商平台的云服务,则不仅对电商平台本身,甚至对其他网络用户和社会公众利益都会造成重大损害。

通说认为,网络服务提供者包括 ICP 和网络技术服务提供者,该观点也在《信息网络传播权司法解释》第三、四条规定中得到了印证。法律规定,网络技术服务提供者包括自动接入、自动传输、信息存储空间、搜索链接、P2P 等服务的提供者。同时,《信息网络传播权保护条例》第二十条至第二十三条罗列了几种类型的技术服务,包括自动接入、自动传输、自动缓存、信息存储空间、搜索及链接服务,其基本与《信息网络传播权司法解释》一致。信息存储空间服务提供者是为用户提供内容的存储空间,但云服务提供商提供的服务是租赁关系的服务,虽然不属于涉及内容的信息存储空间网络服务提供者,但属于《信息网络传播权司法解释》第三条"提供行为"中的提供方式。该案中,首先,阿里云并未将被诉游戏"上传或以其他方式置于向公众开放的网络服务器中",没有提供内容服务,其不属于 ICP;其次,涉案网站经营人租用阿里云的服务器,将被诉游戏上传并存储在该服务器上,则信息存储空间的提供者为涉案网站经营人,而非阿里云,即阿里云不属于信息存储空间的提供者。

4.1.2 云服务提供商与信息存储空间服务提供者

根据《信息网络传播权保护条例》第二十二条的规定,信息存储空间服务提供者是指为服务对象提供信息存储空间,供服务对象通过信息网络向公众提供作品、表演、录音录像制品的网络服务提供者。传统信息存储空间服务主要分为两类,一类是网盘、云盘等形式,另一类是内容存储推广平台。总体而言,云服务器租赁服务与信息存储空间服务在技术特征与行业监管层面属于性质完全不同的服务。在技术特征层面,云服务提供商比传统信息存储空间服务提供商提供更底层的服务器租赁服务,而不包括上层内容服务,因此其对信息内容的控制能力较弱。此外,在行业监管层面,二者也属于不同的监管类别,颁发不同的许可证。云服务器是指通过云计算技术,对闲置的物理服务器资源进行整合,虚拟出一个有完整存储空间的服务器,以代替必须拥有物理服务器才能进行网络站点运营的传统解决方案。根据工信部发布的《电信业务分类目录(2015 年版)》,阿里云提供的云服务器租赁服务属于"第一类增值电信业务"中的"B11- 互联网数据中心业务",而信息存储空间服务属于该目录中"第二类增值电信业务"中的"B25- 信息服务业务",二者的市场准入和监管标准存在明显差异。因此,以阿里云为代表的云服务提供商不属于信息存储空间服务的提供者。

4.1.3 云服务提供商与自动接入或传输、自动缓存服务的提供者

根据《信息网络传播权保护条例》第二十、二十一条规定,自动接入或传输服务的提供者是指根据服务对象的指令提供网络自动接入服务,或者对服务对象提供的作品、表演、录音录像制品提供自动传输服务的网络服务提供者;自动缓存服务的提供者是指为提高网络传输效率,自动存储从其他网络服务提供者处获得的作品、表演、录音录像制品,根据技术安排自动向服务对象提供的网络服务提供者。如上文所述,阿里云提供的云服务器租赁服务属于"第一类增值电信业务"中的"B11- 互联网数据中心业务",而一部分自动接入、自动传输服务,例如微信和 QQ 等软件提供的文件传输功能,以及一部分自动缓存服务仍属于该目录中"第二类增值电信业务"中的"B25- 信息服务业务"。由此可见,云服务提供商均不属于《信息网络传播权保护条例》中规定的提供自动接入或传输服务、自动缓存服务的网络服务提供者。

4.2 云服务提供商、用户与知识产权维权人的法律责任边界

4.2.1 云服务提供商与用户

云服务提供商和用户之间的法律责任边界认定依据为云服务协议(合同),该协议具有相对性,对云服务提供商和用户的权利义务进行了明确的约定。按照云服务协议,云服务提供商在提供服务时,要保障云计算系统的稳定性、数据的安全性和资源的可控性,向用户提供平稳、安全、持续、弹性的云服务,用户需要对云服务提供商提供的云服务进行付费;此外,根据协议和一般的知识产权法的基本原则,云服务用户应当合理合法地使用云计算服务。特别需要注意以下

几点。

第一,云服务合同中的免责声明。云服务提供商在自身可预见、可控制、可管理的范围内若未及时尽到义务,则应承担责任。但若其已经妥善地履行了自身义务,仍然无法避免结果的发生,则要求云服务提供商承担连带赔偿责任也不合宜。如果免责声明中已明确说明,若用户数据因其自身主客观原因对他人权利造成损害,云服务提供商不对其行为负责,对损害后果不承担责任。权利人追索无果的情况下,云服务提供商可以本着公平正义的精神对权利人进行相应的补偿而非赔偿,免责声明还可将法律中已经注明的通知和删除作为免责情形。

第二,云服务提供商在服务中应履行网络安全保障义务。云服务提供商应不断投入成本来提高自身的软硬件及系统安全保障能力,以应对网络安全风险,诸如用户无法访问数据、云服务中断、云网站关闭、数据灾难后恢复及备份等。同时,云服务提供商无权直接接触用户数据,其不能随意访问用户的加密数据,并应当采取措施保障数据安全,防止数据泄露等事件的发生。

4.2.2 云服务提供商与知识产权维权人

知识产权维权人和云服务提供商、用户之间的法律责任认定依据为《侵权责任法》《信息网络传播权保护条例》等法律规范,主要涉及的法律关系为侵权法律关系。依据法律规定与合同约定,在侵权行为发生后,知识产权维权人主张权利救济时,云服务提供商应当履行向用户通知其侵权情况的义务。在 SaaS 模式下,由于云服务提供商对信息内容的直接控制能力较强,则其应当履行的法定义务就不仅仅是通知侵权,还应当删除云服务器中与侵权行为相关的链接、图片、内容等,及时止损。若其未妥善履行该义务,则对扩大部分承担责任;若其一开始就明知用户的侵权行为,则应承担完全责任。在此情景下,虽然存在“避风港”原则,但云服务提供商的角色是一个善良管理人,其主观状态和客观行为对于侵权行为的认定都十分重要。[1] 特别需要注意以下几点。

第一,“通知 – 删除”规则。如果知识产权维权人认为通过云服务提供商的服务器访问的作品侵犯了其著作权,则其可以向云服务提供商发出通知,要求删除或断开相关作品的访问链接。[2] 通知内容包括著作权人的姓名和联系方式、地址,有关作品的名称和网络地址,并提供构成侵权的初步证明材料。一旦收到知

---

① 申屠彩芳. 网络服务提供者侵权责任研究 [M]. 杭州:浙江大学出版社,2014.

② 刘庆辉. 网络服务提供者间接侵害知识产权之责任制度研究 [M]. 北京:知识产权出版社,2018.

识产权维权人的通知,云服务提供商(SaaS 模式下)应立即删除或断开涉嫌侵权作品的链接,并通知涉嫌侵权的云服务用户。

第二,反通知规则。反通知规则的建立在一定程度上平衡了云服务提供商及其用户和知识产权维权人三方的利益,为涉嫌侵权人提供解决问题的机会,避免错误删除所导致的损害。[①] 根据《信息网络传播权保护条例》的规定,反通知必须包括以下内容:用户的姓名、联系方式和地址,请求恢复的作品的名称和网络地址及不构成侵权的初步证明材料。在收到反通知后,云服务提供商应立即恢复被删除作品或作品的链接,并向知识产权维权人提交反通知。在收到反通知后,知识产权维权人不能要求云服务提供商再次删除或再次断开有关作品的链接。此外,如果因错误的删除导致云服务用户的任何损失,知识产权维权人应承担赔偿责任。

4.3 云服务提供商适用"通知 - 删除"规则的不利后果

随着大数据、云计算等科学技术的迅猛发展,加强数据安全保护愈发重要。对于云服务行业的发展,一方面不能让云服务成为知识产权侵权行为的庇护天堂,另一方面亦应促成云服务提供商与用户之间的合作,不能使其成为用户数据、资源的监控者,以实现利益平衡。我国目前有关云服务提供商侵权方面的法律规定较少,且运用现有的法律来规制云服务平台的行为则略显乏力。《侵权责任法》第三十六条规定:"网络用户利用网络服务实施侵权行为的,被侵权人有权通知网络服务提供者采取删除、屏蔽、断开链接等必要措施。网络服务提供者接到通知后未及时采取必要措施的,对损害的扩大部分与该网络用户承担连带责任。"云服务提供商既要履行法律规定的"通知 - 删除"义务,又要保护云计算服务用户的相关利益,二者之间的平衡会将云服务提供商置于一种两难境地。

4.3.1 云服务提供商不完全属于网络服务提供者

如前所述,IaaS 模式下,云服务提供商为用户提供网络、存储设备、服务器和虚拟化等基本计算资源,用户能够部署和运行任意软件,包括操作系统和应用程序等。因此,用户自己对数据进行运行维护,并对数据具有管控能力,而云服务提供商并不直接参与用户数据的维护,因此其对信息内容的控制能力较弱;PaaS

---

① 司晓. 网络服务商知识产权间接侵权研究 [M]. 北京:北京大学出版社,2016.

模式下,云服务提供商向用户提供在 IaaS 基础之上的软件开发和运营平台,包括数据访问、通用接口等工具。用户通常不能管控支撑平台运行的底层资源,如网络、服务器、操作系统等,但可以对运行环境进行配置,控制自己部署的应用,即用户数据仍然由其自己掌控,云服务提供商并不能直接获取;SaaS 模式下,云服务提供商提供给用户的功能是,使用在云基础架构上运行的提供者的应用程序,由于云服务提供商提供的服务支持程度更深,用户数据交由云服务提供商管控,因此其对于用户数据具有较强的控制能力。总体而言,根据不同服务类型的特点,不能笼统地将云服务提供商直接涵射到网络服务提供者的概念范围内,而应当对云服务提供商提供服务时的技术特征予以具体考量。IaaS、PaaS 模式下的云服务提供商因其提供的是基础性的计算服务,对用户的数据缺乏足够的控制力,因此缺乏做出是否侵权判断的基础,可以将其归为需要承担共同侵权责任的网络服务提供者的范畴并不恰当;而由于 SaaS 模式提供服务时会涉及对用户数据的管理,有权直接接触用户数据,且对数据内容具有较强的控制能力,因此将 SaaS 模式下的云服务提供商纳入需要承担共同侵权责任的网络服务提供者的范畴较为恰当。

4.3.2　侵权通知与必要措施的合理匹配

《侵权责任法》不仅明确了网络服务提供者的责任界限,避免其承担过重的注意义务,还为权利人提供了快速获得救济的渠道。"通知－删除"规则有利于平衡权利人、网络服务提供者和网络用户之间的利益,学界将此条款称之为网络服务提供者的安全保障义务,但是安全保障到何种程度,在实践上则是一个难题。因为首先要确认的一个前提是,何种行为是侵犯用户的权益乃至网络服务提供者必须采取"删除、屏蔽、断开链接"等必要措施?然而云服务提供商并不是法院或者行政机构,其并不具备强制要求用户提供相应的信息来论证其信息真伪的能力,也无法判断是否构成侵权。如果任何一个用户都能向云服务提供商主张类似要求,将会阻碍云计算服务产业的健康发展,同时还会催生各种各样恶意删除的黑色产业链。因此,云服务提供商应针对不同的侵权通知场景采取合理的必要措施。在具体的争议场景中,法院应根据实际情况判定其是否采取了必要措施。

4.3.3　云计算服务特征及产业发展的综合考量

从云计算服务的特征角度考量,云服务提供商必须保障用户数据、资源存储的安全,即云服务器必须保持安全的环境才能更好地保护用户的商业秘密和知识产权,从而不易被他人以反向技术获取。基于该特性,云服务提供商不应主动审查用户内容,仅需告知用户一旦侵权可能产生的利害关系。目前业界普遍认为,云计算服务具有封闭性特点,存储的数据包具有不易辨别性和隐蔽性。数据包是否公开及以何种方式公开,应由服务器租用人自己决定;且数据包涉及租用人的商业秘密,云服务提供商无权随意读取服务器内容,也无权随意披露相关信息。云计算服务的盈利模式同样决定了云服务提供商需要保护用户的信息。假设云服务提供商再遇到此类案件,为避免被判侵权,接到通知后立即通过技术介入用户数据内容,窥探用户计算数据等相关高价值信息,那么毫无疑问,不会再有用户愿意将高价值数据存储于第三方云服务器,这将严重损害云服务提供商的商业利益,不利于云计算技术的进步及云计算产业的发展。因此该案中,如果要求阿里云公司在收到权利人通知后即采取"关停服务器"或"强行删除服务器内全部数据"的措施,将给云计算行业乃至整个互联网行业带来严重影响,不符合审慎、合理的原则。

4.3.4　云计算服务协议(合同)的遵从考量

云服务提供商在与用户签订服务合同时,通常会积极承诺保护用户的数据安全与商业秘密,约定云计算服务中产生的相关数据权属,明确保障云用户的数据权利。按照云计算服务合同的要求,云服务提供商无权接触用户数据,不能被要求删除和审查服务器上的用户内容,否则数据隐私安全则无从保障。考虑到云服务提供商与用户的协议及实际经营的需要,租用云服务器的用户在通常情况下都会将所有的代码数据直接存储于云服务器中,其与云服务提供商直接形成了保障安全的信赖利益,直接删除可能会造成不可挽回的损失,因此云服务提供商不享有收回侵权用户服务器服务空间和直接删除侵权用户内容的权利。但是,云服务提供商应在收到被侵权人的投诉后履行相应的转通知义务。

4.3.5　技术上的限制及云服务提供商义务的苛重

从技术层面考虑,即使云服务提供商存在技术优势,但是其删除能力也是有限的。因为互联网的特殊性,数据在服务器之间的传输速度非常快,广大网民瞬间就可能下载了侵权作品,对于那些已经下载到个人终端的作品,法律不应当要求云服务提供商负有删除义务,最主要是这一行为通过技术手段难以实现。

因此,云服务提供商应在技术可行的范围内采取必要措施,如果采取措施将使其违反普遍服务义务,增加技术和经济上不合理的负担,则其可将侵权通知转送服务对象。在"通知-删除"规则扩张至《信息网络传播权保护条例》以外的场合时,转通知具有成为独立必要措施的价值,在不适合直接删除时,转通知体现了网络服务提供者警示侵权人的意图,能在一定程度上防止损失扩大以免责。针对云服务提供商在侵权领域的必要措施和免责条件不可过于苛刻,否则将对行业发展和用户正常的运营与数据安全产生巨大负面影响。

5　结语

云计算的服务模式与内容会伴随着更多的创新和颠覆性技术的应用而发展演化,新的服务模式与内容会导致其中涉及的权利义务随之产生适应性问题,权利和责任会在"平衡—失衡—再平衡"的动态调整中不断更替,法律责任的边界会更多地经历"清晰—模糊—再清晰"的过程,而法律的滞后性,决定了在技术快速发展的时期,应当对法律进行适当的解释、调整,以适应发展的需要。以《侵权责任法》为代表的相关法律和政策也应在保持一定弹性的基础上不断更新,坚持安全与发展并重的原则,协调各方主体之间的利益冲突。在切实保障权利人相关权利及其法律救济途径的同时,兼顾云计算产业的持续健康发展。

从"明争暗斗"到"定纷止争"

——从首例涉微信数据权益案看"数据侵权观"

内容提要：数据作为生产资料之一，能够为经营者带来新的市场活力，提高市场份额、获取经济利益，其已经成为网络市场经营者的核心竞争力。实践中，经营者之间因争夺数据权益导致的不正当竞争纠纷时常发生，围绕数据形态类型、公开抓取数据行为的法律边界、兜底条款的适用等问题的争议颇多。司法活动的过程就是定纷止争的过程，在尚未立法的情况下，分析司法实践所体现的裁判原则及规则尤为重要。首例涉微信数据权益案明确了数据资源整体和单一数据个体的数据形态类型，并在此基础上肯定了数据形态类型对应的权益，提出了获取数据的"二重授权"原则，总结了认定《反不正当竞争法》第十二条兜底条款的"安全、稳定、效率"规则。

1 腾讯诉聚客通案：首例涉微信数据权益案

数据浪潮的到来不仅在信息技术领域引发了一场革命，也为网络经济带来了一波新的活力，数据技术的应用改革了传统的商业模式，为企业带来了巨大的财富价值。[①] 当前，网络经济已从传统的产品用户竞争逐渐转向网络数据流量竞争[②]，传统的产品用户竞争通常仅涉及产品销售，而网络数据流量的竞争更多的是未来开发衍生产品的生产资料的竞争。近年来，经营者之间因争夺数据权益导致的不正当竞争纠纷比比皆是，公开抓取数据行为的法律边界等相关问题的争议颇多。司法活动的过程就是定纷止争的过程，这是不辨之理，在法家观念中，

---

① 姬蕾蕾. 大数据时代数据权属研究进展与评析 [J]. 图书馆, 2019（02）: 27-32.

② 浙江杭州互联网法院(杭州铁路运输法院)(2019)浙 8607 民初 1987 号判决书。

"定分"就是确定权属关系,"止争"则要求析法者析情说理,妥当适用法律。① 故在未立法的情况下,如何抓住案件焦点,平等、完整、公正地论证剖析双方的理由②,从而达到定纷止争的裁判效果并产生普遍适用的规则尤为重要。

1.1 案情概要

微信 App 于 2013 年 8 月 5 日首次发表,深圳市腾讯计算机系统有限公司、腾讯科技(深圳)有限公司(以下统一简称为腾讯公司)为微信 V5.0 的著作权人,截至 2018 年底,微信及 WeChat 的合并月活跃账户数增至约 10.98 亿,同比增长 11%,每天平均有超过 7.5 亿微信用户阅读朋友圈的发帖。③2019 年初,浙江搜道网络技术有限公司(以下简称搜道公司)发现了微信个人用户需要利用微信软件开展商业营销、管理商业活动这一"商机",故在其运营的"聚客通软件"中新研发了"个人号"功能模块,并将新软件交由杭州聚客通科技有限公司(以下简称聚客通公司)运营,由聚客通公司通过聚客通网站实际向使用该软件的用户收取费用。

该软件利用 Xposed 外挂技术将"个人号"功能模块嵌套于微信产品中运行,以实现对微信账户的"群控",同时监测、抓取微信用户的账号信息、好友链信息及用户操作信息(含朋友圈点赞评论、支付等)存储于其他服务器。软件功能具体表现为:自动化、批量化操作微信的行为,包括朋友圈内容自动点赞、群发微信消息、微信被添加自动通过并回复、清理"僵尸粉"、智能"养号"等。为获得利润,聚客通软件提供的服务为收费服务,含有多种版本和价格,每种版本均有 1 年签、2 年签、3 年签的套餐年费价格,价格为 5800 元 / 年至 83580 元 / 年不等,且年费套餐不包含个人微信登录必需的指定型号手机的费用。需要明确的是,搜道公司是聚客通网站(www.juketool.com)的经营者,同时也是聚客通群控软件的开发者、经营者,

针对搜道公司、聚客通公司开发、运营聚客通群控软件的行为,腾讯公司认为其分别构成《反不正当竞争法》第二条和第十二条规定的不正当竞争行为,对此提出了两点理由。

第一,"微信作为一款社交产品,之所以能够获得海量用户的青睐、拥有如

---

① 曹士兵. 以定分和止争为司法的目标 [J]. 人民司法,2008(15):1.

② 左德起. 法官判决职责在于定分止争 [N]. 深圳特区报,2017-05-02(B07).

③ 搜狐网,解读腾讯财报:微信隐形贡献巨大、游戏收入占比下降、支付与云计算成为新增长点 [EB/OL]. 2019-03-21[2021-11-01]. https://www.sohu.com/a/302882824_116132.

此广泛的用户基础,原因在于其享有极高的品牌影响力和良好商誉,将用户体验和数据安全立于微信运营的核心竞争力。"[1] 腾讯公司坚持用户体验至上的产品设计原则,在产品功能的设计上尽可能简化,以减少对用户注意力的打扰,避免影响用户的社交意愿。同时,运营方投入了巨大的人力、物力、财力构建用户数据的安全防火墙,不仅在内控机制上保障用户数据安全、防止数据泄露和不当使用,而且在系统安全防护层面,通过技术手段防止外部黑客木马等恶意程序非法获取用户数据,为用户构建了安全的数据环境,并有力地维护了用户隐私,这才使得用户能够安全放心地使用微信,赢得了海量用户和极高的美誉度。

第二,"搜道公司、聚客通公司开发、运营的群控软件则恶意破坏了微信的用户体验和数据安全"。[2] 搜道公司开发和运营的群控软件干扰了微信的正常运营,破坏了用户体验。例如,软件主打的"批量主动加好友、自动点赞、自动回评、持久互动强化客户关系"等外挂功能,实现了批量获取用户信息、监控用户行为、自动与用户进行各类互动等目的,突破了微信原有的功能设定和产品设计理念,势必会出现大量给其他用户发送的恶意营销信息,严重影响微信苦心营造的产品体验和用户基础,势必造成其商誉受损。除此之外,聚客通群控软件也会影响微信的数据安全,使用该系统的微信用户及与该用户进行数据、资金和信息交互的其他不知情用户之通信隐私被直接抓取并上传到其他服务器中使用,用户的数据安全也因此置于危险之中。

搜道公司、聚客通公司本着"用户的社交数据权益应当归用户自行所有,微信不享有任何数据权益"这一观点,对于腾讯公司所提出的两点理由,围绕开发、运营群控软件的行为是否属于不正当竞争行为、用户的社交数据权益归属等两个角度从以下五个方面进行了回应和答辩。

一、搜道、聚客通公司开发、运营群控软件的行为不属于不正当竞争行为

第一,两软件本身不具有竞争关系,微信软件系提供即时社交通信服务的软件,聚客通软件则专注于电商服务领域,为微商或电商的店铺运营与订单管理提高效率的工具支持,软件功能模块的设计均以服务社交电商为目的,故两款软件并非作用于同一领域。

第二,搜道、聚客通公司不存在不正当竞争的故意,腾讯公司并未禁止微商的运营,而涉案软件的使用是基于微商场景,帮助从业者实现高效率的经营手段

---

[1] 浙江杭州互联网法院(杭州铁路运输法院)(2019)浙 8607 民初 1987 号判决书。
[2] 浙江杭州互联网法院(杭州铁路运输法院)(2019)浙 8607 民初 1987 号判决书。

和方式,其本质是以技术创新推动高效,与微信产品的理念一致。

第三,聚客通软件属于技术创新,未妨碍、破坏微信产品的正常运行,虽部分突破了微信未实现的功能,但其目的是为了提升用户使用微信进行经营的效率,且这些相关功能正好契合了社交电商提升自身管理与运营效率的需求。

第四,涉案软件并未造成微信产品的实际损失,也未对腾讯公司的商誉造成任何损害。聚客通群控软件的功能是基于微信允许的场景设计的,对微信原有的功能进行了提升,以提高效率与客户体验。前述因使用涉案群控软件产生的种种严重后果均系两原告的主观臆想,实际损害未发生,损害不能成为竞争行为正当性评判的倾向性标准,况且答辩人也不具有竞争行为。

二、微信平台不享有微信用户的数据权益

聚客通软件未影响微信的数据安全,用户的社交数据权益应当归用户自行所有,微信不享有任何数据权益。软件所获得的微信用户信息均来自用户在淘宝、京东等平台上的相关店铺的正常交易后留下的数据,涉案软件用户借此添加好友并等待对方同意确认,均是基于微信的使用规则。故涉案软件未对微信的数据安全产生影响。

基于以上事实和理由,腾讯公司向法院提起诉讼,本案于 2019 年 12 月 23 日公开开庭审理,目前一审已结束。

1.2　裁判结果

一审法院在审理过程中,遵循了不正当竞争案件审理的一般思路,即认定涉案被诉行为是否构成不正当竞争,是否损害了两原告的合法权益,以及如何承担侵权责任。经调查审理后,法院最终认定该行为构成不正当竞争行为,判决如下。

(1)搜道公司、聚客通公司立即停止涉案的不正当竞争行为,即立即销毁已收集、存储的微信产品用户数据,停止涉案的侵权软件中"个人号"模块功能的使用与运营,停止相关广告宣传活动。

(2)搜道公司、聚客通公司共同赔偿腾讯公司经济损失及为制止不正当竞争行为所支付的合理费用共计 260 万元,于本判决生效之日起十日内履行完毕。

(3)搜道公司、聚客通公司于本判决生效之日起十日内,在腾讯网首页连续十日刊登声明为原告消除影响。

1.3　争议焦点

本案的争议焦点不在于数据获取后的使用是否合法、正当,而在于搜道、聚客通公司是否有权获取微信平台用户数据和获取数据的行为、方式是否合法、正当。

1.3.1 搜道、聚客通公司利用 Xposed 框架搜集微信用户信息、实现群控微信账户的行为是否妨碍、破坏了微信平台的正常运行?

从《反不正当竞争法》第十二条规定的行为特征与目的看,搜道、聚客通公司实施的这一行为明显是一个利用他人所掌握的数据资源开展经营活动的"搭便车"行为,且利用了技术手段,属于第十二条规制的行为,但其并非第二款前三项所列[①],第四项(以下简称兜底条款)作为兜底条款则囊括了其他利用技术手段、导致经营者合法提供的网络产品或者服务正常运行受到妨碍、破坏的行为。若想证明"聚客通"这一行为是兜底条款中规定的侵权行为,那么就要验证其是否同兜底规定中的要件相吻合。近年来,考虑网络资源共享的特质及网络经济的需求,我国司法实践已然形成了一个默认的规则,"搭便车"行为"只要不是对他人数据资源进行破坏性利用或有违法律规定,且能够给消费者带来全新体验的,一般不应被认定为不正当竞争"。[②] 从侵权责任承担的角度看,这一观点肯定了"搭便车"行为本身不具有违法性,仅当其造成损害时才会产生相应的责任。故该争议焦点并非针对行为本身,而是对行为已经造成或可能造成的损害结果的认定。

腾讯公司以"微信产品的用户体验和数据安全"遭到破坏导致"微信产品的正常运行"受到妨碍为由主张搜道、聚客通公司的行为属于不正当竞争行为。首先,腾讯公司认为微信享有美誉的原因之一即在于其注重用户体验感进而产生用户信赖,严格禁止采用技术手段向用户批量推送营销信息、自动加群、加好友、点赞等行为以避免打扰用户,腾讯公司出具的公证书也反映了微信具有海量用户、功能及页面设计追求简化这一事实。其次,腾讯公司注重保护数据安全环境和维护用户隐私,其认为该行为是聚客通软件能够实现私自抓取用户数据的关键,微信所保护的用户隐私和拥有的安全数据环境会被破坏。除此之外,腾讯公

---

① 《反不正当竞争法》第十二条规定,经营者不得利用技术手段,通过影响用户选择或者其他方式,实施下列妨碍、破坏其他经营者合法提供的网络产品或者服务正常运行的行为:(一)未经其他经营者同意,在其合法提供的网络产品或者服务中,插入链接、强制进行目标跳转;(二)误导、欺骗、强迫用户修改、关闭、卸载其他经营者合法提供的网络产品或者服务;(三)恶意对其他经营者合法提供的网络产品或者服务实施不兼容;(四)其他妨碍、破坏其他经营者合法提供的网络产品或者服务正常运行的行为。

② 浙江杭州互联网法院(杭州铁路运输法院)(2019)浙 8607 民初 1987 号判决书。

司委托司法机构对聚客通软件进行了技术鉴定,鉴定意见显示,聚客通软件的功能为监控收集微信的各种事件,通过 Xposed 框架,"解析微信 apk 包,获取到功能的对应的类和方法,使用 hook 这些方法达到搜集信息、替换参数、远程控制等任务实现这一功能",妨碍了微信软件的正常运行,影响了微信软件运行的数据安全。对此,搜道公司辩称,就聚客通软件是否妨碍微信正常运行而言,其虽然部分突破了微信产品未实现的功能,但其目的是为了提升用户使用微信进行经营的效率,且相关功能正好契合了社交电商提升自身管理与运营效率的需求,属于技术创新,该种突破没有妨碍或破坏微信正常运行的程度。为证明这一回应,搜道公司也出具了载明聚客通"个人号"模块的技术原理的情况说明,这一说明与前述腾讯出具的鉴定书的表述基本一致,但其得出的结论为聚客通软件通过开源软件 Xposed 实现了对微信功能的模拟人工操作,没有破坏微信代码及功能逻辑,未妨碍微信软件的正常运行。

就此,法院对该行为"是否妨碍、破坏了微信软件的正常运行"这一争议焦点从以下三方面予以认定:从微信服务的性质是否被突破来看,真实感、舒适度、便利性等用户体验会直接关系到用户使用微信产品的意愿,构成了个人微信平台的基本经营生态,因此腾讯公司以各种方式和手段维持这种经营生态的做法值得保护;而聚客通软件作为一种商业化营销工具,已异化了个人微信作为社交平台的基本功能,会给用户使用微信造成困扰,破坏了微信平台的正常运行秩序。从微信平台的安全运行是否被威胁来看,腾讯公司投入了巨大的人力、物力、财力保护微信产品的数据安全,聚客通软件已经突破了微信产品的技术限制,而能够实现收集、存储及监控微信产品数据的新增功能,其涉及的数据信息一部分或经过了微信平台中相关经营性用户的授权许可,但这些数据信息都是与其他用户交互完成的,其中涉及其他用户的第三方信息安全,也就意味着两被告的被控侵权软件擅自将不知情的微信用户信息由自己存储或使用,超出了相关微信用户对自身信息安全保护的原有预期。从微信产品运行的稳定与效率是否被减损来看,聚客通软件中的"个人号"功能毕竟要依附于微信运行,这会增加微信运行的数据量和数据流,导致微信产品的运行负担增加,减损微信产品运行的稳定性和运行效率。因此法院认为,该行为会产生妨碍、破坏微信正常运行的不利结果。

1.3.2 搜道、聚客通公司是否有权收集、存储腾讯采集、控制的微信产品数据资源?

固然实践中逐渐开始不肯定"搭便车"行为本身存在违法性,但是该行为的实施也需要有限度,尤其是获取他人持有的数据资源时需要对这一限度进行把控。讨论谁有权收集数据、存储数据、利用数据或共享数据等问题,无一不在讨论数据这一资源的权属问题,自数据资源逐渐成为网络经营者的"生命力"后,数据权属即颇受争议,不仅受到学者的广泛关注,在司法实践中也争议颇多。

该案中,腾讯公司提出了自己享有微信用户账号信息、好友关系链信息及用户操作信息(含朋友圈点赞评论、支付等)等微信数据权益的主张,并因此认为其微信产品的数据安全受到威胁。腾讯公司提出这一主张的理由在于其认为"数据安全就是微信的核心竞争力。且有证据表明腾讯作为用户数据控制者,为了构建安全的数据环境和维护用户隐私付出了巨大的人力、物力、财力"[1],而搜道公司的行为不仅收集、存储了相关用户已授权的数据信息,也收集、存储了不知情用户的数据信息,侵犯了这一部分用户的个人隐私。而搜道公司则认为,一方面,腾讯公司不享有任何数据权益,且其所获得的微信用户信息均来自用户在淘宝、京东等平台上的相关店铺的正常交易后留下的数据,涉案软件用户借此添加好友并等待对方同意确认,均是基于微信的使用规则,所以也就不存在数据安全受到威胁的说法;另一方面,其提到了个人数据的可携带权,并提出《信息安全技术 个人信息安全规范》(GB/T 35273-2017)等相关规定作为理论依据[2],认为其有权收集、存储个人数据信息。

法院经审理后认为:首先,微信收集和控制的用户数据均通过协议方式获得了微信用户的授权同意,合法收集且合法利用。其次,法院肯定了数据资源在当前网络企业竞争中的重要性,维护良好的数据资源经营生态环境即意味着将拥有更多的数据流量吸引力,因此也将获得更多的经营利益和衍生产品增值利益,这也表示法院肯定腾讯公司所提出的"数据安全是微信的核心竞争力"这一理由。最后,结合案情,腾讯公司投入了大量的人力、物力、财力,经过长期合法经营才能够积累数量众多的用户,微信产品数据资源的积累已成为腾讯公司获取市场收益的基本商业模式及核心竞争力。因此,腾讯公司并非不享有任何数据权益。但依据市场经济的需要,数据权益对象应分为数据资源整体和单一数据个体

---

[1] 浙江杭州互联网法院(杭州铁路运输法院)(2019)浙 8607 民初 1987 号判决书。

[2] 《信息安全技术个人信息安全规范》9.1:委托处理,个人信息控制者作出委托行为,不应超出已征得个人信息主体授权同意的范围。9.2 b):向个人信息主体告知共享、转让个人信息的目的、数据接收方的类型以及可能产生的后果,并事先征得个人信息主体的授权同意。数据控制者应当按照数据主体的请求,将规定的数据副本传输给数据主体个人或第三方。

两种数据形态,用户和网络经营者分别享有不同的数据权益。腾讯公司作为网络经营者,同时也是数据采集者、控制者,其享有微信产品数据资源整体的竞争性权益,但是单一数据个体的权益仍然属于被采集的用户,数据采集者、控制者仅享有使用权,这一说法否定了数据收集、控制者以用户数据受侵犯为由主张损害赔偿的诉权。法院认为,搜道公司收集、存储的数据资源并非微信的数据资源整体,而是单一数据个体,并且其中一部分经过了授权,这也意味着搜道公司收集、存储的微信用户数据是一种不正当、不合法的行为,侵犯了另一部分不知情用户的权益,但并未侵犯腾讯公司对于微信产品数据享有的竞争性权益,腾讯公司不能以此为由主张损失赔偿。

2 前提:数据权益归属的确定

2.1 数据的内涵与价值

数据是互联网产生智慧的基础,互联网的发展也催生了数据的衍生。数据由信息加工而成,是信息经过数字化运作转换为电子符号的外在形式。随着数据应用涵盖的范围愈发广泛,其种类划分也存在不同的观点。有学者认为可以将数据分为数据内容和数据载体,在内容上将其划分为专有数据和公有数据,从产生方式上将其划分为原始数据和衍生数据;[①] 也有学者认为将数据以能否被识别为标准分为能够识别的数据和不能识别的非数据等。[②] 目前来看,数据因生产过程较为复杂,其内涵及分类在法学界仍存在争议。但总的来说,数据的内涵广泛,具有资产、计算等各种能力,从而产生研发、使用、商业等诸多价值。

从信息采集、加工到数据利用、流通这整个阶段的商业场景来看,经营者收集、整合个人信息后,会将个人信息进行匿名化处理并进一步加工衍生出新的数据,或直接从其他合法渠道获取已经过匿名化处理的数据集合加以利用,判断消费者的现实需求与潜在需求,进而为消费者提供更精准的服务,获取数据资源的商业价值。故而数据的商业价值建立在信息之上,加工处理是数据资源的商业价值得以体现的关键步骤,相较于个人信息而言,个人信息具有的"可识别性"特

---

① 陈小江. 数据权利初探 [N]. 法制日报,2015-07-11(006).
② 程啸. 论大数据时代的数据权利 [J]. 中国社会科学,2018(03):102-122+207-208.

征是信息值得保护的基本价值取向,即保护信息主体的人格尊严①,而数据资源的财产价值应当是受到保护的关键。

2.2 数据形态对应的权益归属

数据权益归属是解决公开抓取他人数据的行为是否属于不正当竞争行为这一问题的前提,如果是无条件共享的,那也就不存在抓取他人数据这一行为是否属于不正当竞争行为这一问题。商业化性质的数据权益往往涉及企业和用户双方,合理分配企业数据权益,才能激发企业的市场活力,鼓励其积极参与市场竞争;合理分配用户数据权益,才能促使用户主动参与市场活动,进行消费,因此需要实现数据权益分配的平衡。从这个角度来看,法院审理的大部分相关案件均有过尝试,但至今未有定论,争议颇多,核心问题就在于数据权益归用户更有利还是归企业更有利,权益的边界不易掌控。拥有数据权益首先需要探讨数据的来源是否合法,腾讯公司所主张数据权益的微信数据包括"微信用户账号信息、好友关系链信息以及用户操作信息(含朋友圈点赞评论、支付等)"。这部分数据均源自微信平台,且数据的收集和控制均通过《腾讯微信软件许可及服务协议》《隐私政策》等协议方式获得了微信用户的授权同意,也就是不存在非法收集、控制数据的行为,也不存在非法利用其他平台中的数据的行为。解决了数据源头的合法性问题,就可以进一步探讨数据权益的边界问题。

依据民法绝对权与相对权相区分的原理,法院认为微信平台数据权益的对象可以分为两种数据形态:一是数据资源整体,二是单一数据个体,网络平台方所享有的是不同的数据权益。单一数据个体就是个人身份数据或个人行为数据,这类数据离不开用户信息,只是用户信息被转换为电子符号的外在形式。"数据收集主体在采集数据的过程中虽然付出了一定的劳动,但并未提升用户信息的品质,换言之,其并未提供创造性劳动成果,故数据采集主体仅享有其劳动所增加的价值而不是原始数据的全部价值"。② 因此,数据权益归属于用户,平台只需要用户授权同意后即可使用。但仅拥有使用权,平台方就不能基于该数据被侵权而主张损失赔偿,除非用户授权平台拥有专有使用权。数据资源整体则是由原始数据加工后产生的衍生数据及整体的数据库、数据集,这种数据资源被他人

---

① 王玉林,高富平,曾咏梅. 信息服务与信息交易视野下的信息分类研究 [J]. 情报理论与实践,2015,38(12):25-30+42.

② 浙江杭州互联网法院(杭州铁路运输法院)(2019)浙 8607 民初 1987 号判决书。

抓取使用的行为会不利于数据持有方发展,应认定属于不正当竞争行为。这种分配方式是一种实践中的突破,相对而言更符合用户的需求,并且也能够保护企业的成果和进一步发展,但是还需要进一步明确何为数据资源整体。

3 "定分":数据获取的法律边界——"三重授权"原则的改进

市场竞争机制产生后,竞争者之间必然要争夺资源,基于人类行为的基本策略,若没有规制,处于弱势的一方跟在强势一方后利用其投入或努力所产生的成果以实现取得利益的目的,就会成为一种普遍现象。在 21 世纪之前,"搭便车"行为也可以被称作"投机取巧"。进入 21 世纪后,最初我国司法实践中对以这种方式获利的竞争者也是持否定态度,认定某些行为属于"搭便车"行为从而予以禁止。目前,"搭便车"行为逐渐被认定为不具有非法性,虽然各级法院都在尝试把控"搭便车"的行为边界,但是其理论依据及禁止范围仍存在不少争议。"搭数据便车"即是利用他人获得的数据资源的行为,数据资源在 21 世纪可以被认为像石油一样关键,足以说明其在企业发展过程中的重要性,掌握了数据资源甚至可以掌握企业的"生杀大权",那么限定获取数据持有方企业数据资源行为的法律边界就显得尤为重要。

3.1 "三重授权"原则的提出

实践中,这一尝试最为有名且具备可操作性的案件是 2015 年由二审法院判决的"新浪微博诉脉脉案"[3],针对第三方应用通过开放平台(如 Open API)获取用户信息的行为提出了"用户授权 + 平台授权 + 用户授权"的"三重授权"原则,即数据获取方在获取数据时需要满足用户对数据持有企业、用户对数据获取企业及数据持有企业对数据获取企业的"三重授权"。[4]

之所以需要用户和数据持有企业的同意,一方面是因为用户是市场主体之一,市场中没有消费者,亦就无法论及经营者。[5] 在网络经济时代,用户既是消费

---

③ 北京市海淀区人民法院(2015)海民(知)初字第 12602 号判决书。

④ 黄晓锦. 大数据时代数据分享与抓取的竞争法边界 [J]. 财经问题研究,2018(02):5.

⑤ 陈兵. 改革开放 40 年用户法嵌于市场经济发展的嬗变与展望 [J]. 学术论坛,2018,41(05):1-9.

者也是数据资源的提供者,经营者缺乏用户的支持也会丧失继续存在的基础。且消费者利益已成为或正在成为市场经济法律体系中最为重要的法益[①],我国《消费者权益保护法》第二十九条也明确规定了对用户个人信息的采集和利用必须以取得用户的同意为前提。[②] 另一方面则是因为在这个数字化、信息化的时代,每时每刻产生的数据都是海量的[③],其带来的经济价值不可估量,大批企业正进入互联网行业获取数据红利。不可否认的是,数据对于经营者开展市场活动的重要性愈发提升。数据作为生产资料之一,长期积累能够提高经营者市场份额、增加其获取经济利益的可能性,这也意味着拥有数据即拥有了市场交易的竞争优势,也就拥有了获得利益的机会,因此数据资源对于经营者的重要性可想而知。"三重授权"原则一经提出,就激起了学术界和实务界的"大讨论",有赞同的声音自然也有反对的意见,但不可否认的是,该原则自提出以来不仅得到了部分法院的采纳,也受到了很多学者的认可,说明这一原则具有一定的实用价值。

3.2 "三重授权"原则的改进

依据"三重授权"原则,"搭数据便车"需要用户和数据提供方的同意,实践中违反这一原则的情形通常包括以下三种:其一,数据获取方未经用户和提供方企业的同意抓取数据,例如 2016 年的"大众点评案"[④],大众点评主张百度地图的行为构成不正当竞争,法院最终以"最少、必要"原则未被遵循为由支持了大众点评的主张。其二,数据获取方获取数据的行为虽然经过了用户和数据提供方企业的同意,但这一行为超出了限度。"新浪诉脉脉案"中,法院依"三重授权"原则以脉脉获取、使用新浪微博用户信息的行为和获取、使用脉脉用户手机通讯录联系人与新浪微博用户对应关系的行为超出双方约定的限度为由,认为其构成不正

---

① 杭州铁路运输法院(2017)浙 8601 民初 4034 号民事判决书。

② 《中华人民共和国消费者权益保护法》第二十九条:经营者收集、使用消费者个人信息,应当遵循合法、正当、必要的原则,明示收集、使用信息的目的、方式和范围,并经消费者同意。经营者收集、使用消费者个人信息,应当公开其收集、使用规则,不得违反法律、法规的规定和双方的约定收集、使用信息。

③ 国际数据公司 IDC 统计显示,全球近 90% 的数据将在这几年内产生,预计到 2025 年,全球数据量将比 2016 年的 16.1ZB 增加十倍,达到 163ZB(1ZB 相当于 1.1 万亿 GB),其中中国的数据产生量约占全球数据产生量的 23%。

④ 上海市浦东新区人民法院(2015)浦民三(知)初字第 528 号判决书。上海市知识产权法院(2016)沪 73 民终 242 号判决书。

当竞争。[①] 其三,数据获取方获得了用户的同意,但是并未获得数据持有方的同意,本案中搜道、聚客通公司实施的获取数据的行为虽然经过了部分微信用户的同意,但是并未经过微信数据持有方腾讯公司的同意,且收集到了不知情用户的数据[②],依照"三重授权"原则及上述案件和判决的逻辑和结论,或许该案中法院认定这一数据获取行为构成不正当竞争行为更为合理,但"微信数据权益案"恰恰没有用到"三重授权"原则,而是提出了"搭数据便车"的"二重授权"原则。

在数据权益划分成两种数据形态的基础上,获取数据持有方所持有的数据也应当包含两种数据形态,即获取数据持有方所持有的单一数据个体和数据资源整体。就获取数据持有方持有的单一数据个体而言,《民法典》第1035条中规定,只要不违反"合法、正当、必要、不过度、征得用户同意"的原则,即不是违法行为[③],肯定了用户对个人信息使用、控制的决定权。但"新浪诉脉脉案"所确定的"三重授权"原则在未区分数据获取之形态的基础上,一方面肯定了用户拥有控制、使用单一数据个体的权利,但另一方面也通过设置"必须取得数据持有方授权"的条件,肯定了数据持有方对用户的单一数据个体存在一定的实际控制权。为数据获取方设置了严格的要求的同时,也容易导致市场上大型数据持有企业对数据资源进行垄断。因此,应当在区分数据的不同形态的基础上,分情形讨论获取数据的条件。

当数据获取方获取的是单一数据个体时,无须设有经数据持有方同意这一条件,而仅需要满足用户对数据持有企业、用户对数据获取企业的同意这一条件,以此降低获取的标准。原因在于:其一,能够体现用户对数据享有的使用、控制等权益;其二,"网络资源具有共享的特质,单一用户数据权益的归属并非谁控制谁享有"。[④] 当数据获取方获取的是数据持有方持有的数据资源整体时,则必须经过数据持有方的同意,但可以不经过用户的同意,即需要满足用户对数据持有企业、数据持有企业对数据获取企业的授权。总的来说,"三重授权"原则应被改进为"二重授权"原则,即数据获取方在获取数据时需要满足用户对数据持有

---

① 北京市海淀区人民法院(2015)海民(知)初字第 12602 号判决书。
② 浙江杭州互联网法院(杭州铁路运输法院)(2019)浙 8607 民初 1987 号判决书。
③ 《中华人民共和国民法典》第 1035 条规定,处理个人信息的,应当遵循合法、正当、必要原则,不得过度处理,并符合下列条件:(一)征得该自然人或者其监护人同意,但是法律、行政法规另有规定的除外;(二)公开处理信息的规则;(三)明示处理信息的目的、方式和范围;(四)不违反法律、行政法规的规定和双方的约定。
④ 浙江杭州互联网法院(杭州铁路运输法院)(2019)浙 8607 民初 1987 号判决书。

企业、用户对数据获取企业或者数据持有企业对数据获取企业的同意即可。

4 "止争"：兜底条款的"安全、稳定、效率"观

4.1 兜底条款的认定范式与说理

确定数据权益归属后，如何适用法条也是案件中必须要解决的问题。近年来，随着互联网领域新型不正当竞争行为所运用的技术手段愈发新颖、涉及行业逐渐增多，《反不正当竞争法》第十二条的"类型化条款"已不足以囊括互联网新型不正当竞争行为的手段，立法者在修法之初也考虑到了这个问题，设置了"兜底条款"以提高法条适用的包容性。[①] 其中第二款第四项即是典型的兜底条款，其在一定程度上弥补了列举式立法的不周延性[②]，赋予了法官应对突发情况的自由裁量权，但也有局限性，其模糊性及涵盖性高的特点易导致说理不清甚至滥用等问题。[③] 并且实践中，判定案件的逻辑与理论上有些许不同之处，依理论来看，《反不正当竞争法》是特殊的侵权法，侵权责任负担的逻辑应当是先行为、后结果，再看因果关系。而在实践中，往往是以损害结果证明行为的不正当性，这就意味着第四项中的"妨碍、破坏"在实践中不是非行为要件，而是需要证明的结果要件，因此法院应用第二款第四项时需要对此加以说理。

经过检索、筛选案件发现，新修改的《反不正当竞争法》实施后，大致包括以下三种判决和说理情况：其一，判决构成不正当竞争，但说理不清。2017年、2018年、2019年优酷同徐州百狐、深圳万凯达、深圳锋芒公司因去除视频广告、影响用户选择等行为而引发的不正当竞争纠纷[④]，以及2018年爱奇艺与深圳乐播公司

[①] 《中华人民共和国反不正当竞争法》第十二条　经营者利用网络从事生产经营活动，应当遵守本法的各项规定。经营者不得利用技术手段，通过影响用户选择或者其他方式，实施下列妨碍、破坏其他经营者合法提供的网络产品或者服务正常运行的行为：（一）未经其他经营者同意，在其合法提供的网络产品或者服务中，插入链接、强制进行目标跳转；（二）误导、欺骗、强迫用户修改、关闭、卸载其他经营者合法提供的网络产品或者服务；（三）恶意对其他经营者合法提供的网络产品或者服务实施不兼容；（四）其他妨碍、破坏其他经营者合法提供的网络产品或者服务正常运行的行为。

[②] 姜海．经济刑法之"兜底条款"的解释规则 [J]．学术界，2018（06）：145-161.

[③] 刘沐阳．兜底条款的局限性及其实践运用 [J]．人民检察，2014（08）：58-60.

[④] 北京市海淀区人民法院(2017)京0108民初54830号判决书。北京市海淀区人民法院(2018)京0108民初22587号判决书。北京市海淀区人民法院(2019)京0108民初28000号判决书。

因乐播的深度链接使用了爱奇艺享有版权的影视作品内容、屏蔽爱奇艺视频广告等行为引发的纠纷[1]，法院均提到了利用技术手段这一条件。除此之外，"优酷诉锋芒案"提出"未经原告许可"；"优酷诉万凯达案"提出"行为具有明显过错且影响了原告的正常经营活动、使原告获益减少"；"爱奇艺案"则提到了"行为缺乏合理解释"。虽然判决中均提到了不同于其他案件的判决理由，但从单个案件的判决书来看，并未进行完整的说理。

其二，判决不构成不正当竞争，但说理充分。2018 年"杭州迪火诉北京三快案"[2]中，迪火公司认为三快公司存在控制、干扰、中断二维火系统的行为，而法院最终判决三快公司的行为不构成不正当竞争，并且法院认为第二款在列举具体行为形态之前，先对行为实施方式这一前提进行了明确，即"利用技术手段，通过影响用户选择或者其他方式"。因此，其不仅审查了是否利用技术手段，也审查了是否通过影响用户选择或其他方式，《反不正当竞争法》修改后，学界有学者主张消费者利益也应当被纳入《反不正当竞争法》中予以考虑，审查是否影响用户选择则体现了这一主张。

其三，判决构成不正当竞争，且说理充分。目前实践中存在三种观点，一种主张以竞争关系、竞争行为、损害结果等传统认定范式进行认定，但并未对兜底条款予以解释。2019 年"腾讯诉深圳微源码等公司"[3]一案中，深圳微源码公司宣传、推广、运营"数据精灵"软件并提供下载，使得原微信软件被"植入"新功能，该案同"微信数据权益案"类似，均为群控软件侵权，法院认为适用兜底条款可以从以下几方面分析：① 竞争关系是否存在；② 是否利用技术手段，通过影响用户选择或者其他方式，实施了妨碍、破坏其他经营者合法提供的网络产品或者服务正常运行的行为；③ 行为是否扰乱了市场竞争秩序，损害其他经营者或者消费者的合法权益；④ 经营者是否有违自愿、平等、公平、诚信原则及商业道德。虽然认定内容足够全面，但是并未解释兜底条款中的"妨碍、破坏"如何认定。另一种观点则在上述"杭州迪火诉北京三快案"中得到体现，不以传统的认定范式进行认定，其认为"《反不正当竞争法》的立足点在于对不正当竞争行为的规制，而非如同《知识产权法》等权利保护法一般立足于对私权的保护"，即不是以一种类似于保护绝对权的思路，从权利是否存在、是否遭受侵害、是否受到损失、侵

---

① 北京市海淀区人民法院（2018）京 0108 民初 48523 号判决书。
② 杭州市中级人民法院（2018）浙 01 民初 3166 号判决书。
③ 广东省高级人民法院（2019）粤民终 2093 号判决书。

害行为与损失之间的因果关系等角度去做要件评判,而是应当主要以诚实信用原则及公认的商业道德为标准对行为本身进行评价,即将兜底条款如何适用解释为诚实信用原则及公认的商业道德。除此之外,还有一种观点则是本案中体现的以传统范式进行认定,但同时对兜底条款中的"妨碍、破坏"予以解释,形成认定是否"妨碍、破坏其他经营者合法提供的网络产品或者服务正常运行"的规则。

4.2 兜底条款认定的"安全、稳定、效率"规则

在认定范式的选择上,固然互联网领域新型不正当竞争行为最终的落脚点需要遵循一般条款中提出的诚实信用原则及公认的商业道德,也在于论证是否违反诚实信用原则及公认的商业道德,但不可否认的是,"诚实信用原则及公认的商业道德"均是主观性较强的标准,这种标准的论证需要以现实中已经产生或可能产生的客观"损害结果"加以证明才更具有信服力,因此不能舍弃论证"行为结果"的现实意义。这种行为结果就是第四项中提到的"妨碍、破坏其他经营者合法提供的网络产品或者服务正常运行",那么应当如何认定涉案行为"妨碍、破坏其他经营者合法提供的网络服务正常运行"呢?"微信数据权益案"总结了"安全、稳定、效率"这一规则。

安全是软件开发、运营首要考虑的因素,保护软件安全也就是保护智力成果、知识产权不被非法使用。[①]在市场中竞争力越强的企业,通常就越能高效地调动和运用相关资源,形成较高的竞争壁垒,企业和产品的安全性就越高;安全性被破坏,则竞争壁垒就会遭到破坏,企业在市场中的竞争力就会降低甚至消失。同样,在西方市场经济理论中,"稳定和效率是两个关键性问题",其中效率是核心问题[②],尤其在金融行业,"一国金融业的发展过程就是在稳定(防范和化解金融风险,避免金融危机)和效率(追求利润最大化,提高盈利水平)之间寻求平衡。"[③]因此,稳定和效率是市场活动中必不可少的两个条件。由此可见,妨碍、破坏其他经营者软件运行的安全、稳定与效率势必可以认定为其妨碍、破坏其他经营者合法提供的网络服务正常运行。即依据《网络安全法》等法律相关规定,

---

① 浙江杭州互联网法院(杭州铁路运输法院)(2019)浙 8607 民初 1987 号判决书。

② 吴易风. 效率·公平·稳定 —— 西方市场经济理论的几个问题 [J]. 教学与研究,1995(01):32-37.

③ 石静. 稳定与效率:寻找中国金融改革的平衡点 [J]. 国际经济评论,2002(05):34-38.

判断涉案行为是否危及微信平台安全运行,是否危及微信平台稳定运行及是否危及微信平台的运行效率。

5 结语

数据是网络经营者开展市场活动的关键生产要素,司法活动的"定分止争"固然重要,但回归实践,利益是社会生活的基础,市场主体均围绕利益产生矛盾关系,因数据所产生的一系列纠纷在本质上是各主体对数据利益的争夺,理论研究和司法活动对其讨论的目的也都在于研究如何合理分配数据利益及解决利益分配过程中产生的问题,此时明确数据利益问题应为当务之急。

在个人信息权益和数据安全得到立法保护的基础上,将数据侵权相关司法经验上升为立法规范,制定一套同《数据安全法》《个人信息保护法》等法律规范相衔接的数据利用、共享和保护的实践规则,会为我国数据市场的发展提供更多有益的思路,为我国推进数据相关规范的建立提供强有力的支撑。

企业专利的挖掘与布局

——"复合透水砖"案

内容提要：本文通过"透水砖"专利侵权的典型案件，引出企业专利挖掘和专利布局的问题。本文首先梳理了典型案例的经过，其次对案件中的专利的保护范围和专利的保护原则两个焦点问题进行分析，最后探讨案例中企业面临的更深层次的问题，即专利挖掘和专利布局的问题。本文专从专利挖掘和布局的意义、专利挖掘的方法和思路及目前常见的专利布局的模式展开，阐释了专利挖掘和专利布局对企业发展的重要作用，以期能够引起企业关注专利挖掘和专利布局的作用。

1 引言

从 2016 年到 2020 年，历时四年的北京仁创生态环保科技股份公司（下称"仁创公司"）与北京英辉创业建筑材料厂（下称"英辉材料厂"）侵害发明专利权——透水砖专利案纠纷有了结果。

2020 年是不平凡的一年，自进入汛期以来，我国很多地方都遭遇了暴雨的困扰。一旦雨势稍大，整个城市就会因为内涝变为"海洋城市"。为了解决城市传统排水系统的问题，许多新兴技术应运而生。将城市建设成为"海绵城市"，优化城市的蓄水排水功能，使多余的水能够及时渗透到地下成为许多城市的选择，而铺设透水砖是解决城市内涝，建设新型海绵城市的重要原材料之一。2020 年，一起历时四年的透水砖专利纠纷案件终于有了结果，侵权赔偿金额高达几十万元。

最高人民法院就仁创公司和英辉材料厂的专利权纠纷案做出终审判决，认定英辉材料厂侵犯了仁创公司的涉案专利权，判令英辉材料厂停止侵权并赔偿经济损失及合理支出 25.84 万元,驳回仁创公司其他诉讼请求。目前我国大多数专利权纠纷案件都是通过《中华人民共和国专利法》的一般条款予以解决。在本案中所确定的分析思路对之后法院裁判类似案件等具有很重要的指导意义。

2 "透水砖"引发专利侵权

2.1 案件概述

根据北京知识产权法院的一审判决书,该案的涉案专利为"复合透水砖"的发明专利(专利号:ZL200610140628.7)。①"复合透水砖"专利于 2012 年 3 月获得授权,目前仍然处于专利保护期限之内。具体来说,该专利是对现有技术的改进。现有技术下,混凝土透水砖存在靠缝隙透水、表面颗粒粗大和抗压等能力较差等等问题,运用涉案专利技术可以生产成本较低、结构更为简单且表面致密的透水砖。

2015 年 8 月,仁创公司发现英辉材料厂在网站上销售透水砖,为保存证据,2016 年 4 月 21 日,仁创公司从英辉材料厂处购得若干砖,在购买过程中也发现了英辉材料厂出售的砖系其工厂内制造。仁创公司经过技术对比后,认为英辉材料厂生产的透水砖涉嫌侵犯其"复合透水砖"的专利权。2016 年 6 月 23 日,仁创公司向北京知识产权法院提起诉讼,请求法院判令英辉材料厂停止侵权行为并赔偿经济损失和合理支出共人民币 1000 万元。

关于仁创公司的侵权指控,英辉材料厂在一审中不予认同并进行答辩。英辉材料厂认为:第一,涉案专利的专利权状态不稳定。因为针对涉案专利提起的行政诉讼还在审理之中,因此,涉案专利存在着无效的可能性。第二,涉案专利并不具有《专利法》所规定的创造性,相关的技术特征已经被公开或是成了常识。涉案专利权利要求 1 中的(3)(4)(6)(8)(7)(10)技术特征和自己生产透水砖用到的技术要么不相同,要么不等同。第三,英辉材料厂声称自己公司早就开始进行透水砖相关技术的研发,没有侵犯原告的必要。为证明自己的主张,英辉材料厂提交了"一种预覆膜沙子及制备方法以及复合透水砖"的专利(专利号:ZL201110325746.6 号)来证明自己公司的透水砖依靠其所拥有的专利技术生产,没有侵犯原告的专利技术。自己公司的透水砖并未落入原告专利权利要求 1

---

① 北京知识产权法院(2016)京 73 民初 464 号判决书。

的保护范围。

2016 年 9 月 6 日,英辉材料厂就"复合透水砖"专利技术向国家专利复审委员会提起无效宣告请求,请求复审委宣告"复合透水砖"专利权利要求(1)至(15)项全部无效。专利复审委员会于 2017 年 3 月 6 日做出第 31618 号无效宣告请求审查决定,复审委认为仁创公司提交的修改后的权利要求第(1)至(12)项的基础上继续维持该专利权有效。该决定显然不利于永辉材料厂,英辉材料厂不服原专利复审委的决定,向北京知识产权法院提起针对专利复审委员会的行政诉讼。2019 年 12 月 10 日,北京知识产权法院的判决驳回英辉材料厂的诉讼请求。之后,英辉材料厂提起上诉请求。

2.2 一审认定技术特征

北京知识产权法院认为该案关键点在于被告生产透水砖的技术是否落入了涉案专利权利要求 1 的保护范围。依据全面审查原则的要求,在判断被诉侵权技术方案是否侵犯他人专利权时,应当审查涉案专利权人所主张的权利要求中所包含的全部技术特征,并将这些技术特征与被诉侵权技术方案所对应的全部技术特征逐一比较。该案中,被告英辉材料厂对涉案专利权利要求 1 中的技术特征(1)(2)(5)(9)与被诉侵权产品的部分技术特征相同无异议,但认为技术特征(3)(4)(6)(7)(8)(10)与涉案专利不相同或等同。

北京知识产权法院依据全面审查原则,逐一比较了被告持有异议的技术特征,经过比较后,北京知识产权法院认为被诉侵权产品技术方案与涉案专利要求 1 中的技术特征(3)(6)(10)相比,属于相同或者等同的技术特征,但与权利要求 1 中的(4)(7)(8)相比技术特征既不相同也不等同。

关于法院认定的权利要求 1 中的技术特征(4)(7)(8)中的"亲水性树脂粘结剂",在该案中无法证明本领域的普通技术人员知晓该技术术语,其属于专利权人在专利文件中的自定义词,根据专利说明书中的特定含义进行解释。此外,北京知识产权法院认为,本领域的普通技术人员需要通过创造性的劳动才能想到将本专利权利要求 1 中的"亲水性树脂粘结剂"替换成聚醚,这一判断就使得被诉侵权技术方案构成了一项新的技术方案。

当被诉侵权技术产品所使用的技术方案中的技术特征与涉案专利权利要求中的所有技术特征相同或实质等同时,应当认为其侵入了涉案专利的保护范围;而侵权技术方案中的技术特征与涉案专利的技术特征对比后,缺少涉案专利权利要求中载明的一项以上技术特征的,不构成侵权。该案中,北京知识产权法院认定被告的技术方案中,技术特征与涉案专利中记载的技术特征存在不相同或者不等同之处。基于此,北京知识产权法院认为,被诉侵权技术方案并未侵害本发明的专利权,基于此,也不必再评述其他理由,驳回仁创公司的诉讼请求。

原告仁创公司不服北京市知识产权法院的一审判决,于 2019 年 10 月向最高人民法院提起上诉。

2.3　二审迎来反转

2.3.1　认定落入保护范围

在二审的过程中,双方争论焦点的范围缩小,原被告争议的焦点集中于两个方面:一是涉案专利权力要求 1 中限定的"亲水性树脂粘结剂"是否为本领域技术人员通用的技术术语;二是被诉侵权产品中的聚醚是否为涉案专利权力要求 1 中的"亲水性树脂粘结剂"。

最高人民法院认为,尽管涉案专利权利要求 1 中限定的"亲水性树脂粘结剂"系专利申请人自创的技术术语,但并不是本领域常规的技术术语,但根据该用词的字面含义和用途,本领域的技术人员能够知晓其确切的含义和用途,可理解为"具有亲水性、可以起到粘合固体作用的高分子类树脂化合物"。

由于聚醚属于人工合成的高分子聚合物为公知的常识,在对第二个焦点进行分析时,便立足于被诉侵权产品中的聚醚是否具有亲水性,被诉侵权产品在制造过程中是否起到了粘结剂的作用。根据案件鉴定意见,被诉侵权产品中的聚醚属于"亲水性树脂粘结剂",被诉侵权产品落入了专利要求 1 的保护范围,构成了专利侵权。

基于以上认识,最高人民法院认定结果是英辉材料厂侵犯了仁创公司的涉案专利权,最终判定英辉材料厂停止侵权并赔偿经济损失及合理支出共计人民币 25.84 万元,驳回仁创公司的其他诉讼请求。[①]

2.3.2　自创技术术语

最高人民法院在该案中如何审理和理解技术特征中的技术术语具有重要的启示性。该案中,关于"亲水性树脂粘结剂"技术术语的认定,最高法院认为该技术术语为专利权人自创的技术术语,不是该领域的普通技术人员所知晓的技术术语,但是本领域的技术人员能够理解自创技术术语所代指的含义和用途,因

---

① 最高人民法院(2019)最高法知民终 522 号判决书。

此原告的主张可以得到司法上的支持。在最高人民法院对该案的二审中,认定仁创公司专利权权利要求中的某一技术请求的技术特征是否属于其自行创设的技术术语时,最高人民法院原则上是按照本领域的普通技术人员在阅读专利说明书、说明书和相关附图(有附图的专利)之后,对自创技术术语可以理解的通常的含义。

3 专利保护范围

专利制度的设立是赋予专利权人在一定时间内对特定技术进行垄断的权利,从而促进社会的进步,打造双赢局面。

3.1 "亲水性树脂粘结剂"在一审二审中的解释

在"复合透水砖"专利案件中,一审和二审针对"亲水性树脂粘结剂"这一自创技术术语得出了不同的认定结果。实践中,要结合各种条件来做出一个清晰的划分并不是一件容易的事。专利权人的专利保护范围与其具体的技术特征之间大致呈反比,即具体技术特征越少,专利权所划定的保护范围就越大;技术特征越多,其专利保护的范围就越小,但是其获得新颖性认定相对容易。涉案"复合透水砖"专利权利要求1中的"亲水性树脂粘结剂"便面临着上述问题。一是自创技术术语面临着保护范围过大的问题,因此相应的专利被侵犯的可能性也越大。二是如果将"亲水性树脂粘结剂"具体化,其所保护的技术特征便会过多,很容易被针对,从而丧失新颖性。这一点在实践中很难避免,通常来说,专利要求书所记载的技术方案都是用精练的语言进行了高度的概括,所以仅靠权利要求书几乎不存在完全理解专利技术方案的可能性,只有在阅读了说明书的全部内容之后,所属技术领域的普通技术人员才能够有一个清楚的认识。所谓普通技术人员作为一个抽象的人,其知晓专利申请技术方案申请日或者优先权日之前所属领域中所有的现有技术,同时能够应用和实现申请日和优先权日之前常规实验的能力,以此来保证客观和中立;针对权利要求书、说明书的相关内容也要达到所属技术领域的普通技术人员能够清楚明白,在不进行任何创造性思考的情况下可以实现这一专利技术。针对"亲水性树脂粘结剂",一审法院认为所属领域的技术人员需要经过创造性的思考才能实现,从而驳回了仁创公司的诉讼请求。在二审中之所以迎来反转,认定英辉材料厂侵犯了涉案专利,是因为对于"亲水性树脂粘结剂"的解释和理解不同导致的。

3.2 确定发明专利保护范围的原则。

有学者提出,我国现行的《专利法》采用折中原则来确定专利的保护范围。[①]其所定义的折中原则指在对专利权保护范围进行解释时,要严格遵守专利要求书,但是却不能完全限定权利要求书中所记载的技术特征,也不能完全脱离权利要求书而扩大专利保护范围。对于有争议的专利保护范围,其专利说明书和相关附图应当作为重要参考来解释权利要求的内容。在该案中,二审法院并没有完全按照权利要求书中文字记载的内容进行解释,而是充分参考了说明书等相关专利文件,并针对权利要求所要达到的目的和效果,对权利要求做出了客观的解释。

对于我们上文反复提到的等同原则,这是世界上大多数国家的专利制度中都有的一条。2001年,最高人民法院在《关于审理专利纠纷案件适用法律问题的若干规定》第十七条中对等同原则做出了认定:一是被控侵权产品或方法中的具体技术特征与权利要求中记载的对应技术特征是否以基本相同的手段,实现了基本相同的功能、达到了基本相同的效果;二是对本领域的普通技术人员来讲,这两个技术特征可以彼此替换是显而易见的。针对"亲水性树脂粘结剂"的技术术语,根据字面含义进行解释是十分必要的,但却不能局限于此。如果我们严格按照字面侵权的理论,被诉侵权产品或者方法的必要技术特征只要有一项不在涉案专利字面解释的技术特征里,那么将不构成侵权,这将会对专利制度造成降维打击,这就意味着允许模仿相关专利的一项或者几项实质技术特征。与此同时,不与其相同的技术方案的存在,使得《专利法》的保护成为空谈。一些模仿者对所模仿的专利稍加改动,使其游离于专利权的保护范围之外,从而规避法律制裁。实际上,一模一样的侵权专利并不多,更多的是侵权者"换汤不换药",用看似不同的技术方案来掩盖其侵权的法律事实。等同原则便是为了应对此类侵权。

4 专利布局——企业的矛与盾

"一流的企业做标准,二流的企业做品牌,三流的企业做产品。"所谓"一流企业做标准"是指一流企业有自己的专利布局,形成了所在领域的行业标准,企

---

① 徐兴祥. 论发明专利保护范围 [J]. 西南交通大学学报(社会科学版),2009,10(05):126-130.

业的知识产权部门参与公司的重要决策。"二流企业做品牌"实则是卖产品,企业有部分专利权,但是没有企业专利的战略布局,在竞争中处于被动。三流企业则是做"力气活"。

4.1 专利布局的意义

好钢用在刀刃上。专利早已经成为企业竞争的核心,也是大国竞争的关键。美国早在 20 世纪就把知识产权作为国家经济发展的重要抓手,并依靠专利形成技术垄断,占据国外市场。

目前,美国毫无底线地对华为进行各种技术封锁,也是因为华为在 5G 技术专利领域处于优势地位,属于制定行业标准的一流企业。因此,专利的发展不仅事关企业的发展,同时也是国家之间的竞争。

在上述案件中,我们不仅仅要关注具体的案件情况,更要关注我国此类企业的发展现状。两个企业都有各自的专利,但却都没有进行专利布局的意识和能力。专利布局能力不仅决定一个企业能否顺利发展,也决定这个企业发展的上限,因为合理的专利布局使得企业拥有的各项专利取得"一加一大于二"的效果,即在专利相互作用下,整体上提升所持有的专利的价值,使得企业专利在市场竞争中更具竞争力。有学者总结专利布局的作用为正确引导研发方向,促进理性研发,提高研发成效,从而能够避免盲目研发造成的资源浪费;有利于针对性地进行专利申请,节省大量专利维持费用;有利于构建合理的专利保护网。① 换言之,专利布局在保护企业自身的同时,还能削弱竞争者的优势,使得竞争者处于一种被动局面。

4.2 如何挖掘企业专利

在了解专利布局的意义之后,如何有效挖掘和实施专利,对于专利布局至关重要。进入知识经济时代,高质量的专利不仅是建设知识产权强国的战略要求,更是企业做大做强的基础,而专利挖掘与专利布局是构建知识产权战略的基础。② 专利挖掘是指在开发产品或者技术研发的过程中,对研发产生的技术成果

---

① 王丽琼. 企业专利技术方案挖掘及专利布局探讨 [J]. 科技创新与应用,2020(19):15-16.

② 王丽琼. 企业专利技术方案挖掘及专利布局探讨 [J]. 科技创新与应用,2020(19):15-16.

在法律和经济两个层面进行分析,从而确定哪些技术成果可以申请专利获得技术保护,哪些是商业秘密,要以商业秘密的形式进行保护等。① 换句话说,专利挖掘就是把企业自身具有创新性的技术以申请专利的形式确定下来,让这些专利成为企业的重要资产。

依据专利指南审查对技术方案的定义,技术方案是对要解决的技术问题所采取的利用了自然规律的技术手段的集合,而技术手段通常是由技术特征来体现的。在专利侵权案件中,往往都是围相关的技术特征来进行抗辩。仁创公司诉英辉材料厂"复合透水砖"案中,双方就权利要求1中的技术特征进行举证。企业在进行专利挖掘的时候要进行准确定位,针对不同的专利,在申请的时候要尽可能多地考虑相关因素,比如行业保护条件、专利家族的多少、保护范围的大小及市场潜力的大小等。只有充分考虑到相关因素,才不会浪费企业的专利,企业专利才能成为一个高价值、高质量的专利。

4.3 专利挖掘的思路

专利挖掘以问题为导向,技术问题是专利挖掘最好的老师。针对企业生产经营环节中出现的问题和瓶颈,提出可行的方法,并发现产品或者方法的技术创新点;以产品的为导向,针对产品性能、不足或者有待提高的方面,分析影响产品的直接或间接因素,并针对不足之处提出可行方案,确定其中的创新点;以竞争对象为导向,企业对竞争对象所拥有的专利技术及其对专利的布局必须要充分了解,知己知彼,百战不殆,运用自身优势,针对对手专利进行布局,有针对性的限制竞争对手;以防范侵权危险为导向,针对企业的目标产品特性和涉及的技术,找到其中容易被侵权的点,同时要掌握竞争产品的相关专利信息,针对企业自身的情况采取不同的策略来进行相应的防范,并在这一过程中发现创新点,形成对抗型专利。

4.4 专利布局的常见模式

专利布局的常见模式有地毯式布局、围栏式布局和糖衣式布局、路障式布局、城墙式布局五种模式。

地毯式布局形容地上到处都是专利,让竞争对手在该领域寸步难行。企业

---

① 梁宏. 浅谈企业如何挖掘专利和进行专利布局 [J]. 中国发明与专利,2015(01):38-40.

将实现某一技术目标的所有的技术解决方案均申请专利,形成如地毯般密集的专利网。这种模式的优势在于通过深度挖掘可以申请大量专利,从而获得较多的专利权,围绕着某一技术主题形成牢固的专利网;但这种地毯式布局的缺点是需要大量的财力、人力和物力投入,会对企业造成很大的负担。

围栏式布局是指企业自身不掌握核心专利,因为核心专利已经被对手申请,企业围绕对手的核心专利,在其外围设置一系列的非核心专利将其包围。这种布局的好处是虽然核心专利处于竞争对手的掌控之下,且自己申请的非核心专利的价值无法与核心专利相比,但是核心专利在非核心专利的包围下很难实施,对手也难以取得预想的竞争优势,使得其核心专利的价值大打折扣。这样便有了和对方谈判的筹码,在专利许可中得到相对优势的地位。如同盖不起花园,却可以在花园周围设计几个出入口,收取一定的费用。

糖衣式布局指企业将核心专利牢牢把握在自己手里时,围绕核心专利进行专利布局,以避免竞争对手通过围栏式布局把本企业的高价值、高质量的核心专利给限制住。糖衣式专利布局采取的是核心专利和外围专利同时申请的方式。当企业在某一方面取得核心优势后,不必立刻将该优势转化为专利,而是等核心技术的外围技术研发成功后,再同时提交专利申请,以避免被竞争对手用围栏式布局将自己的核心技术给牢牢限制住。当然也可以先将外围技术成果申请专利,之后再将核心技术申请专利获得保护。糖衣式布局仍然需要大量的费用来维持专利有效,对企业来说存在负担。因此,企业在认为核心技术的外围技术不值得用专利来保护时,可以直接将其公布,使其成为现有技术,从而避免竞争对手将外围技术申请专利以限制核心专利,同时也节省了相当一笔费用。

路障式布局是将实现某一技术目标无法避免的一种或者几种技术解决方案申请专利,好似在路上设置了好几个关卡。此种模式的优点在于申请和维护所需要的成本比较低;但是在已有技术的启发下,竞争对手容易绕过申请专利所确定的技术方案。只有在该技术方案是唯一的通道、竞争对手绕不开或者绕开需要花费巨大的代价时,才适宜采用这种方式。采取这种专利布局的企业,对于所属专利领域有一个全面准确的把握,特别是对于竞争对手的创新能力有充分的了解和认识,说明企业在此类技术领域方面处于绝对优势地位,竞争对手不付出巨大代价难以绕过技术障碍或者根本不存在绕过的可能性。如苹果公司针对手机和电脑触摸技术进行的路障式专利布局。

城墙式布局,顾名思义,就是为了实现某一技术主题,把有可能规避掉该技术目标的技术方案全部申请专利。城墙式布局的优势在于不给竞争者留下规避或者代替技术方案的空间。

不能简单地认为哪一个模式更好,企业应根据自身情况,灵活选择应用专利布局方式或者综合使用几种专利布局方式,从而使得专利价值最大化。

5　结语

企业普遍缺乏对自身技术优势的正确认识,将技术创新点和技术方案进行专利申请和专利布局的能力还需要提高,对于专利的挖掘还需要进一步加强。即使在最高人民法院已经认定英辉材料厂涉嫌侵权后,英辉材料厂的相关负责人仍然表示对处理结果并不认可,正在商议下一步做法。该案历时四年之久,除了其本身涉及的"自创技术术语"认定问题比较复杂之外,相关企业也缺乏专利布局意识。专利布局并不是在浪费企业的资源,因为竞争对手为了绕开专利会采取各种方法,从而使得本企业辛苦研发的专利价值大打折扣。因此,根据企业自身的发展战略进行相应的专利布局,对于企业发展是非常有益的。

企业专利思维探究

——"小铰链"案

内容提要：本文通过"沙发枕头铰链"专利侵权这一典型案件，引出我国中小企业缺乏专利思维的问题。本文通过两个层面展开，第一是梳理"小铰链"案引发专利侵权的经过，整理了原被告围绕涉案专利的抗辩及法院对该案的裁判观点。第二是在案例的基础上，引出专利思维的问题，阐释了专利思维的重要性，基于我国中小企业面临的专利层面的困境，提出中小企业破解专利困境要具备专利思维。希望以此加强我国中小企业在知识产权保护和风险意识，努力从源头上杜绝法律风险的产生。

1 引言

党的十九届五中全会明确树立了把"坚持系统观念"作为"十四五"时期经济社会发展必须遵循的原则之一。所谓系统观念，需要有大局意识和协调意识，以整体性取得优势，达到整体优于部分之和的目标。于企业而言，若想具有竞争力，便要在所属领域形成自己的技术标准，这里的标准是指同类产品的技术标准，哪个企业能将技术标准牢牢掌握在自己手中，哪个企业就会在相关领域中独占鳌头。在全球化的时代背景下，各领域的竞争变得更加激烈，想要在市场竞争中取得一席之地，必然要参与标准的制定，而制定标准的关键一环便是专利技术，能够在专利上战胜对手的核心点便是专利系统思维。

在大众创业、万众创新的时代，中小企业对国民经济和社会发展的重要意义不言而喻。但在专利方面，中小企业往往缺乏相关意识，从而被竞争对手处处掣肘，影响企业进一步的发展。我们以浙江天台天美达机电有限公司（以下简称天美达公司)与向阳技研株式会社(以下简称向阳株式会社)发明专利纠纷一案,来探讨中小企业如何破局,掌握主动权。

2 小铰链引发专利侵权

2.1 案情经过

铰链又称合页,是沙发、枕头等家具上不起眼但又必不可少的产品。对于此类产品,我国相关领域的从业人员往往缺乏知识产权保护意识和风险意识,以及更为重要的研发意识,但就是这么一个小部件,使天美达公司付出了很大的代价,并给相关从业者敲响了警钟。

向阳株式会社的主营业务为生产桌椅和床上用品的五金配件。天美达公司主营业务为专业研发和生产五金件和家具,如家具铰链、沙发枕头等。

向阳株式会社以"角度可调铰链"(下称涉案专利)技术方案,于 2009 年 10 月 22 日向国家知识产权局提交专利申请,该技术方案在 2014 年 11 月 12 日被公告授权,目前该专利状态为有效。

天美达公司在上海市国家会展中心参加第 40 届中国国际家具博览会时,携带多件产品参展,其中沙发枕头铰链的型号为 REF.NO:JL-02C(下称被诉侵权产品),这一产品引起了向阳株式会社的注意,其将该型号的沙发枕头铰链技术特征与其所有的发明专利(专利号:ZL200910207708.3)技术特征进行比对后,认定该产品侵犯了其专利权。

向阳株式会社在 2019 年 9 月 12 号委托上海市东方公证处申请证据保全,通过公证取证的方式取得天美达公司展台样品、宣传资料、名片各一份,同时对展台和样品等证据拍照 14 张。随后,向阳株式会社将天美达公司起诉至上海市知识产权法院,请求法院判令天美达公司立即停止侵权行为并且赔偿合理费用等经济损失。

一审判决后,天美达公司不服上海知识产权法院于 2019 年 8 月 30 日做出的(2018)沪 73 民初 242 号民事判决,上诉至最高人民法院。二审期间双方未提供证据,2020 年 6 月 22 日,最高人民法院判定被诉侵权产品技术方案落入向阳株式会社所有的涉案专利权利要求保护范围,构成专利侵权,上海知识产权法院作为一审法院,其认定侵权结果和赔偿金额的判决并无不当。

2.2　一审法院的事实认定与裁判

一审中,该案的争议焦点集中在三个方面:一是天美达公司是否制造、销售、许诺销售了被诉侵权产品;二是被诉侵权产品的技术方案是否落入涉案专利权利要求1～4的保护范围;三是该案的民事责任承担问题。

一、关于天美达公司是否制造、销售、许诺销售了被诉侵权产品的问题

该案中,天美达公司辩称,被诉侵权产品不是它们公司生产的,而是从案外人深圳市鑫宝临五金有限公司(以下简称鑫宝临公司)取得的,但其并未提交证据加以证明。

一审法院认为,在向阳株式会社公证取得了证据,而天美达公司并未能提供相反证据的情况下,认定天美达公司具有制造被诉侵权产品的能力并实际制造了被诉侵权产品。鉴于向阳株式会社提交的证据不足以证明天美达公司实际销售了被诉侵权产品,因此天美达公司的销售行为难以认定。综上,一审法院认定天美达公司实施了制造、许诺销售被诉侵权产品的行为。

二、关于被诉侵权产品的技术方案是否落入涉案专利权利要求1～4的保护范围的问题

在全面审查原则下,被诉侵权产品技术方案中的技术特征要与涉案专利的专利权人所主张权利要求所有技术特征全部相同或等同时,才能够构成侵权。本案中,向阳株式会社声称被诉侵权产品的技术方案中的技术特征包含了涉案专利权利要求1～4的全部技术特征,被诉侵权产品落入其专利保护范围之内。天美达公司辩称原告观点存在错误,其理由如下:1.被诉侵权产品的齿轮部件的旋转空间受到结构限制,不属于自由旋转;2.被诉侵权产品的第二部件上没有配合轴部的凸出,该凸出是在第一部件上;3.被诉侵权产品的第一部件侧面没有楔滑动表面,也不存在楔形空间;4.被诉侵权产品没有浮置楔部件,向阳株式会社在专利申请的实质审查阶段明确指出是通过销保持的振动型部件不属于浮置楔部件,被诉侵权产品就是通过销保持的振动型部件。对于被诉侵权产品和涉案专利的其余的技术特征,天美达公司人认同向阳株式会社的主张。

一审法院裁判依据是《专利法》及相关的司法解释。发明专利权的保护范围要以权利要求书划定保护界限为准,说明书和附图(部分发明专利有附图)作用在于解释权利要求书中的权利要求。本案中,存在具有争议的技术特征,人民法院在进行争议技术特征比对时,碎玉权利要求的解释除了紧紧围绕权利要求书还要参考说明书及附图和相关的专利档案等。

一审法院通过权利要求书、说明书和附图等相关资料,对该案中有争议的技术特征比对后,得出被诉侵权产品具有的技术特征落入了涉案专利的保护范围①,即侵权产品技术方案中的技术特征与涉案专利权利要求1～4的技术特征相同或等同。

三、关于该案的民事责任承担问题

专利被授权后,除非法律另有规定,任何单位和个人未经专利权人的许可不得实施其专利。所谓实施是指原为生产经营目的制造、使用、许诺销售、销售、进口其专利产品,或者使用其专利方法及使用、许诺销售、销售、进口依照该专利方法直接获得的产品。该案中,审法院认定天美达公司未经许可,实施了制造、许诺销售行为,侵害了向阳株式会社专利权的产品,构成专利侵权,应当承担停止侵权、赔偿损失的民事责任。

对于赔偿金额,依据《专利法》的相关规定确定。该案中,向阳株式会社未提供证据证明自己的损失或天美达公司的获利,也没有许可费作为参考,法院依据该专利的类型、利润率及天美达公司的生产经营规模、主观过错等因素酌情确定损失赔偿数额。

关于合理费用,鉴于向阳株式会社提交了律师费、公证费和差旅费等证据,一审法院将综合考虑专利技术难度、该案审理情况、律师费收费标准、向阳株式会社律师的实际工作量、参加开庭的往返、住宿支出等因素,酌情确定合理费用数额。

关于销毁库存产品及相应宣传资料的诉请,一审法院认为,侵权产品如有库存,天美达公司确需予以销毁,对于宣传资料中与该案侵权产品有关的宣传,天美达公司也应予以删除。以上均属于停止侵权的民事责任范围。

此外,由于向阳株式会社并未提供证据证明制造被诉侵权产品的专用模具的具体信息,属于诉请不明确,故对该项诉请不予支持。

一审法院判决:① 天美达公司应立即停止对向阳株式会社享有的涉案专利权的侵害;② 天美达公司应于判决生效之日起十日内向阳株式会社赔偿经济损失人民币300000元;③ 天美达公司应于判决生效之日起十日内向阳株式会社赔偿合理费用人民币25000元;④ 驳回向阳株式会社的其他诉讼请求。案件受理费8800元,由向阳株式会社负担1540元,天美达公司负担7260元。②

---

① 上海知识产权法院(2018)沪73民初242号判决书。
② 上海知识产权法院(2018)沪73民初242号判决书。

该案在二审中,最高人民法院和一审法院观点相同,维持一审法院的判决,本文不再赘述。

3 系统思维要求防患于未然

在这个竞争激烈的社会,于企业而言,时间就是最大的财富。以该案为例,两次判决结果应对相关行业的从业人员有足够的警醒作用。如果不能提前对风险进行把控,即使通过司法救济后得到支持,也是"杀敌一千,自损八百"的"惨胜"。

3.1 中小企业的专利困境

专利保护意识淡薄。专利意识保护淡薄不仅体现在对他人专利的侵权上,也表现在对自身发明创造不具有保护意识,即不进行专利申请、毫无专利布局,便把带有专利技术的产品上市,致使其发明创造失去专利权的保护。

涉案专利相对于通信行业等技术密集型行业不同,家具等行业的准入门槛低,技术含量相对较低,多数企业认为,像铰链这类小玩意,在产品中处于不起眼或者内部位置,一般很难被注意到,即使有侵犯他人知识产权的可能性,别人也不一定能发现。因此,相关领域的从业人员存在侥幸心理也是其知识产权保护意识薄弱的原因之一。事实上,专利只要达到《专利法》规定的新颖性、创造性和实用性的要求,就存在被授予专利权的可能性,就可以得到《专利法》的保护。至于产品的技术含量、大小、所应用产品的位置等不在考虑范围之内。不经专利权人许可,擅自使用相关专利技术,要承担相应的专利侵权责任。

专利检索意识不足。涉案专利中的小铰链不是高精尖技术,对于企业而言,该类技术产品的改进相对容易,但是诸多中小企业不具备专利检索意识,这常常导致即使是基于自身经验对自己产品的技术方案进行改造,但是由于该方案已经被他人申请了专利,所以对该产品的使用不仅不能为促进企业的发展,相反还会给自己带来侵权之诉。

专利研发能力欠缺。中小企业对于相关领域的专利检索意识不足,势必导致其研发能力欠缺。以涉案专利小铰链为例,此类产品技术含量不高,易于仿造,具备该领域知识的普通技术人员在观摩产品后,大概率能进行仿造。由于一些低端制造业的中小企业不具备专利检索的意识,不知道很多已有的设计已经申请了专利权或者一些很好的设计已经进入公共领域,不再受到专利权的保护。所以,很多中小企业对于自己产品的改进往往是基于对自身产品进行改进,而不是在已有的专利基础上进行研发。这就导致了很多中小企业的产品要么刚一投入市场,甚至仅仅在产品展览时期,就侵犯到他人的专利权;要么是自身投入精力研发改进的相关技术设计早就进入公共领域,无法再获得专利权,从而在激烈的竞争中无法取得任何优势。

此外,中小企业与大企业相比,往往采取粗犷的发展方式,其内部的规章制度等不够健全;企业本身拥有的高质量专利不多,而且往往与技术研发人员、相关设计的参与者等主体就专利申请、专利权归属等问题,未有明确规定,从而可能在日后与相关人员发生纠纷。

为避免在此类产品上浪费企业宝贵的发展机遇,相关领域的从业者应当增强知识产权保护意识和风险意识。争取在源头上规避法律隐患。

3.2 专利困境的破局

专利布局是企业实现其专利效益最大化、在激烈的市场竞争中立于不败之地的保障。可以说,好的专利布局可以让企业"运筹帷幄之中,决胜千里之外"。

首先,提高专利保护意识。中小企业的管理人员和技术人员应该加强专利保护的意识。中国、美国和德国的职务发明比例均超过 80%,即发明是非个人化的证明。① 而我国很多中小企业还认为,发明是天才脑海中的灵光一现。通过培训学习或其他方式,让他们真正认识到提高专利保护意识不是一句口号,而是企业的方向盘,是决定企业未来发展的命脉。

专利布局的第一步是要有专利,明确专利研发的方向。倘若没有专利,再好的专利布局大师,也是"巧妇难为无米之炊"。近年来,中美贸易摩擦使得我国企业面临更大的挑战,处境更加艰难,但危机和机遇并存,这也将倒逼我国企业走自主创新,加强研发能力。企业在进行研发的过程中,必须要有清晰的目标和方向,才能避免被卷入专利纠纷而给自身造成损失,保持企业的竞争优势。

诚如马克思所说:"工业较发达国家向工业较不发达的国家所显示的,只是后来者未来的景象。"② 目前,我国已经成为具备完整工业体系的工业强国,专利数量也跃居世界第一,但是我们在专利布局方面的能力还有很多不足之处,尤其是我国的中小企业,在这些方面吃了大亏。中小企业应基于自身定位,选择适合

---

① 蒋舸. 职务发明奖酬管制的理论困境与现实出路 [J]. 中国法学, 2016（03）: 125-144.

② ［德］卡尔·马克思. 资本论（第一卷）［M］. 北京: 人民出版社, 2004.

自身的专利布局策略。

如前文所述,专利布局主要有六种模式,但学者认为其已经不适应知识经济时代,存在诸多弊端。詹启智、吴洋帆等学者认为传统专利布局有三大弊端,即缺乏普适性、系统性和实用性。[①]所谓普适性即传统专利布局,这些模式对于中小企业而言,操作难度较大,企业不能照搬使用。系统性则是指传统专利布局在内在逻辑与有机联系之间存在割裂,传统专利布局理论下的专利布局模式过于僵化,而市场竞争千变万化、情况复杂多样,社会进步与市场发展使得传统专利布局理论捉襟见肘。适用性是指以专利的外在特征将其作为划分标准而忽略内部的实时联系,对于传统的专利布局,企业都有一定程度的了解,但基于中小企业的情况,真正可以进行实操的方式却不多,中小企业常常因此陷入困境,在市场中随波逐流,于企业的发展存在重大的不利影响。

我国的中小企业多处于初创期,它们往往不具备成规模的资金、技术和研发人员,并且专利数量和专利保护程度等都处于较为薄弱的状态。但是实力雄厚的大公司往往聚焦于高精尖技术,下沉市场中的小铰链等专利不在其关注范围之内,因此,中小企业在该类产品上有很大的空间可以发挥。

2020年,突如其来的新冠肺炎疫情使得口罩脱销,在国家的统一领导和调度之下,我国在口罩的日产量上,达到了一个峰值。但是主要口罩市场份额却被外国品牌所占有,尤其是作为行业领跑者的美国3M公司和日本尤妮佳公司。一个小小的口罩却布局了上千件专利,这充分说明小产品上也可以有大创新,也有大市场。

疫情初始,全国各地都出现了大量假冒3M口罩,足以说明3M口罩的受欢迎程度。3M口罩中的明星产品是带呼吸阀的颗粒防护口罩,3M公司对该产品的专利布局值得探究。地域范围上,3M公司根据该产品的核心专利在全球进行专利布局,除了我国还在俄罗斯、英国和美国等国家获得了专利。另外,围绕核心部件呼吸阀发明了非核心专利,用糖衣式专利布局方式,将口罩外观设计、口罩中的鼻夹、松紧带等多处部件都申请了专利。此外,口罩结构和口罩材料等也获得了多项专利。

3M公司作为实力强劲的老牌企业,呼吸阀口罩又是其明星产品,其自然有实力对核心专利和核心专利周围的技术进行布局。但是其在小产品上的专利布局策略很有启发性,值得中小企业进行学习。中小企业限于自身技术、资金、品

① 詹启智,吴洋帆.论企业阶段性专利布局[J].创新科技,2020,20(11):78-86.

牌等多方面因素,都和 3M 公司有较大的差距,因此,如何打好专利这张牌,是中小企业发展的重要突破口。中小企业应该通过对专利文献的检索学习、技术分解等方式,确定企业的优势所在,并以此为依据展开研究,进行专利保护。企业在实力薄弱时期,如果能够打下一个良好的布局基础,将能够为企业带来巨大收益,也会让企业在未来的发展中更加的顺畅。例如,富士康公司曾经对小小的连接器投入了大量的人力、物力、财力,充分开展专利挖掘,将其作为企业的基础技术之一,对其添加了诸多防护。之后,富士康围绕连接器的专利竟然达到 8000 多种,依靠密不透风的专利墙,富士康也从中获得了巨额利润。当然,中小企业没有足够的经济实力来维持如此之多的专利,但其在打好基础的情形之下,仍然有可能通过专利交叉许可等方式在市场上取得足够的优势。

4 结语

对于技术密集型产业来说,虽然是一些小产品居多,但不代表就是小专利,小产品也具有巨大的商业价值。就中小企业内部而言,应该提高知识产权保护意识和风险意识,努力从源头上杜绝法律风险的产生。中小企业还应该逐步细化企业内部的规章制度,与参与研发的人员提前就专利申请权、专利权等权利归属做好约定,避免日后引起内部纠纷。加强中小企业的专利检索能力,发现类似的设计时及时改变设计思路,这也能为企业的研发提感思路灵感。在已有专利技术的基础上进行研发,才能够看得更远,才能够通过技术创新和优质的服务在市场竞争中取得优势地位。

对于外部而言,专利布局无疑是企业在市场竞争中的一把利剑。市场竞争激烈,专利布局也不是一成不变的,在市场实践中往往需要根据行业、规模、政策等因素来进行改变,没有一个固定的方式。无论是传统的专利布局模式还是不断提出的新兴观点,能够提供的仅仅是一种思路。虽然专利布局具备一般规律,但却没有固定不变的套路,这需要企业在自身发展过程中去探索。

后　记

习近平总书记指出,创新是引领发展的第一动力,保护知识产权就是保护创新。当前,大数据、云计算、人工智能等前沿技术发展日新月异,对新领域、新业态中的知识产权保护也提出了新的要求。在新技术变革的背景下,如何应对其对版权保护带来的冲击,需要跟进技术发展步伐,以新视野提出版权保护的策略。"十四五"规划和2035年远景目标纲要对健全知识产权保护运用体制做出了战略部署,强调"完善知识产权相关法律法规,加快新领域新业态知识产权立法"。深入贯彻落实这一要求,对于促进知识产权制度更好发挥创新激励作用、推动新领域新业态科技成果运用、助力产业转型升级和高质量发展具有重要意义。

本书是笔者酝酿了多年的一个成果,初衷是想关注新技术变革下对知识产权保护的冲击,我们通过透视典型的、新型的案例,梳理分析其在司法实践中的争议焦点,以及对知识产权制度的挑战、理论支撑,甚至理论创新诉求。

研究成果的完成得到了多年合作的同事、师弟、师妹,以及笔者所带的研究生的通力合作,在此书出版之际,真诚感恩感谢。具体分工为:赵丽莉负责书稿的总体设计,包括案例的选择、论证、内容的撰写、成稿的修改,具体负责和参与撰写第一、三、四、六、七、九章;张子璇负责第九章的撰写;西北大学法学院方婷负责第十一章的撰写;新疆财经大学法学院田聚英负责第五章的撰写;枣庄高新区行政审批局商岩参与第八、十章的撰写;青岛即墨区人民检察院周彤参与第二章的撰写;江苏瑞途律师事务所庞世森参与第十三、十四章的撰写;张雪、祝晓璐、吕玲玉、郭纪嘉、李晓雯、吕明慧都参与了第三、四、六、七、十二章的撰写。

我们希望将此书做成一个系列,也请各位读者持续关注。一方面满足本科生和研究生的教学需求,一方面服务前沿问题理论研究的需求。